KINZAI バリュー叢書

フィデューシャリー・デューティー・ワークショップ

金融における顧客本位な働き方改革

森本　紀行
坂本　忠弘［編著］
谷崎　由美

一般社団法人金融財政事情研究会

はじめに

この本は、二〇一七年五月に金融財政事情研究会の主催で大阪において開催された、フィデューシャリー・デューティー推進フォーラム（大阪）「顧客本位の業務運営―その本質と意義」（以下、FD推進フォーラム大阪）がきっかけとなり、生まれてきたものです。

「フィデューシャリー・デューティー」という言葉が金融業界で広く認識されるようになった大きなきっかけとして、二〇一四年九月に公表された金融庁の行政方針（当時の金融モニタリング基本方針）において取り上げられたことがあります。資産運用の高度化という文脈で登場したものですが、信託契約等における法的義務のみならず、金融業者として顧客の信認に応えていくために果たすべきさまざまな役割・責任を幅広く指し示す言葉として、国民の安定的な資産形成を進めていく施策の中核をなす考え方となりました。そして、金融機関としてあらゆる業務において「顧客本位」で考え行動していこうというように、さらに動きが広がっています。

二〇一七年三月には、金融庁より顧客本位の業務運営の原則が提起され、各金融機関で、顧客の最善の利益を実現していくため、それぞれの顧客にふさわしいサービスの提供や、金融機関の役職員の働き方について、取組方針を策定・公表したうえで、その取組状況を自己点検して公表していくことになりました。金融機関が自身の行動を「見える化」することで、顧客から選択してもらう試みといえます。金融業界において、「フィデューシャリー・デューティー」や「顧客本位の業務運営」は、「顧客との共通価値の創造」とともに、自らの金融機関の経営や業務を考えていくうえでのキーワードとなっています。

日本の金融業界は、規制業種として監督や検査を受けるなかで、同質的な行動が多い日本社会のなかでも特に横並び意識が強いのが現状です。また、変化する時代に直面して、金融庁は、困難な課題にも主体的（プロアクティブ）に取り組んでいくことが大事だと言っていますが、規制業種としての歴史的経緯もあり、金融業界には根強い受動的（リアクティブ）な体質があります。当初、このフィデューシャリー・デューティー（ＦＤ）は、投資信託の販売等における規制対応の一つと受けとめる向きもありました。事の本質は本書で述べるように、決して規制への対応というものではなく、また、顧客本位の業務運営は、当局から言われたから行う対応ではありません。

ＦＤ推進フォーラム大阪は、金融業界の考え方の転換にいささかでも役に立てればという意図で、きんざい大阪支社の方々と相談して開催したものです。前半の基調講演で、わが国におけるＦＤの提唱者である森本紀行より、金融機関に求められるものは何かという話をしました。後半のパネルディスカッションでは、お客様本位の活動に取り組むファイナンシャルプランナーの谷崎由美の体験を交えて、行政機関や金融機関と連携して活動している坂本忠弘がコーディネーターを務め、金融機関が顧客本位になるための課題について考察をしました。本書の第1章から第3章は、このフォーラムの内容がもとになっています。

加えて、地域金融機関や大手銀行・証券・保険の各業界の方々にご協力いただき、顧客本位の業務運営をどのように進められているのか、それぞれの経営理念やビジネスモデルとのつながりや、直面する課題や悩みを含めて、いろいろとお話をうかがいました。第4章では、三つの地域金融機関（広島銀行、福岡銀行、京都信用金庫）の役員の方々に鼎談いただいた内容を掲載しています。第5章では、みずほ銀行、野村證券、富国生命の三社における取組みの様子を、私がまとめて掲載しています。

全体として、それぞれの金融機関で「自社のあるべき姿を主体的に思い描いていく」ための手がかりとなるような内容で構成したつもりです。章ごとに〝場面転換〟するつくりとしていますので、各章それぞれ読み込んでいただくこともできるかと思います。ＦＤや顧客本位は、やりかた論やテクニックで対応するというものではなく、そもそもの「ありかた」から考えていくことが必要です。その一助になればと、各章の最後に「これからの「ありかた」を考えていくための問い」を記載しました。

いま金融業界で問われていることは、「〝脱〟標準化」であると、私は考えています。

私は中央官庁で一六年ほど働いたことがあり、どちらかといえば標準的なサービスを世の中に広くいきわたらせることに従事してきました。時代の変化のなかで、いまは役所も変わり、「金融機関は各自のベストプラクティスを実現していこう」と金融庁は言っています。しかし、横並びや画一的ではない行動を実際に起こすこと、そして〝オンリーワンの自分〟をつくっていくことは、言うは易く、とても難しいものです。

金融業界の変革の必要性を感じている金融庁は、金融機関に影響を及ぼす立場にある自分自身の変革に取り組んでいます。平成二九（二〇一七）事務年度の金融行政方針において、いちばん最初に金融庁の改革について記載しています。そして金融庁の改革の冒頭に、「組織文化（カルチャー）の変革」を掲げています。多様化・複雑化する社会のなかで、行政当局としても急速に変化する課題に的確に対応していくため、「適切な課題（アジェンダ）を設定でき、それを実現する力のあるリーダーの育成が必要」だと言明しています。「前向きな失敗は、良しとする」など、行動変革の土壌づくりを進めています。

また、「職員が仕事へのやりがい・幸せを感じられる職場づくり」を大切にする姿勢を明示しています。人事担当が職員と将来のキャリアパスについて継続的に対話を重ねること等により、職員が自らの人材価値の向上を意識しながら日々の業務に取り組み、職業人（プロフェッショナル）としての成長につなげることを支援すると述べています。

かつて役所にいた者の一人として、その実現は簡単でなくとも、目指し挑んでいる事実に、感慨深いものがあります。金融機関が変わるためには、金融庁が変わらなくてはいけない。同時に、金融庁は金融の実際のプレーヤーではありませんから、変化する社会や顧客とともに金融庁を含む金融業界が変わるためには、金融機関が変わらなくてはいけません。

顧客本位の業務運営は、お客様と接している現場から生まれてくるものです。個々のお客様との関係のなかからしか、生まれてこない。ＦＤの担い手は、まさに一人ひとりの金融機関の役職員です。

本書を書き進めていくなかで、金融機関で働く役職員一人ひとりが主体的に自ら考え行動していけるかが、いま問われている根本のことであると感じました。第６章は、むすびにかえて、「金融における顧客本位な働き方改革」を提起しています。本書が、金融の未来を描いていく思索と行動へのなんらかのきっかけとなれば幸いです。

ＦＤ推進フォーラム大阪の開催から想定以上に時間を要してしまいましたが、ご登場いただいた金融機関の皆様や、出版の機会をいただいた金融財政事情研究会に、心より御礼申し上げます。

編著者代表　**坂本　忠弘**

目次

第1章 「顧客本位の業務運営」その本質と意義

森本 紀行

第3章 「顧客本位の業務運営」に求められる発想の転換

坂本 忠弘・森本 紀行・谷崎 由美

第4章　真の顧客本位の実践への対話——地域金融機関役員の鼎談

広島銀行　取締役専務執行役員　吉野　勇治
福岡銀行　常務執行役員　五島　久
京都信用金庫　常務理事　中田　高義
坂本　忠弘

第5章　フィデューシャリー・デューティーと独自のビジネスモデルの探求

第6章 金融における顧客本位な働き方改革

第1章

「顧客本位の業務運営」その本質と意義

金融行政においてキーワードとなっているフィデューシャリー・デューティー（ＦＤ）とは何か。それは、顧客との関係において、それぞれの金融機関が自ら考えていくべきことです。金融規制の問題や行政施策への対応ではありません。この出発点を、まずはよく認識することが大切です。

第1章では、ＦＤの時代背景や日本の金融行政方針でＦＤがどのように取り上げられているかを含め、金融業界全体として資金フローが変わろうとしているなかで、金融機関がいま問われていることは何かを、顧客本位原則に先立つフィデューシャリー宣言の提唱者である森本紀行が解説します。

この章は、ＦＤ推進フォーラム大阪での森本の基調講演を掲載したものです。

森本　紀行（もりもと　のりゆき）ＨＣアセットマネジメント 代表取締役社長

東京大学文学部哲学科卒業。ファンドマネジャーとして三井生命の年金資産運用業務を経験したのち、一九九〇年一月当時のワイアットに入社し、日本初の事業として、企業年金基金等の機関投資家向け投資コンサルティング事業を立ち上げる。年金資産運用の自由化のなかで、新しい投資のアイデアを次々に導入して、業容を拡大する。二〇〇二年一一月、ＨＣアセットマネジメントを設立、全世界の投資のタレントを発掘して運用委託するという、まったく新しいタイプの資産運用事業を始める。

「フィデューシャリー・デューティー」の時代背景

私はご紹介いただいたように、大学で哲学を専門に研究することを目指していたのですが、果たさず途中で放棄しまして、三井生命という会社に拾ってもらいました。それが一九八一年です。一九八三年に会社の命令でロンドンに行きました。当時のロンドンはサッチャー政権が発足した直後で、資本市場改革が強硬に推進されていました。アメリカでもレーガン大統領のもと、巨大な資本市場改革が行われていました。

これらの資本市場改革は、一九七〇年代のイギリスやアメリカの疲弊した経済を成長軌道に乗せるための大きな原動力になりました。当時の大蔵省は、日本でも同じ改革が必要になるのは時間の問題だという考えを持っていました。ですから当時、ロンドンには日本の金融機関から二〇〇〇人くらいが一気に派遣されて、そこで起きていることを勉強していました。私もその一人でした。しかし、ご存知のとおり、日本では今日に至るまで、イギリスやアメリカのような資本市場改革は遂に行われることはありませんでした。それは私が著しく不本意に感じ続けてきたことなのです。

私が駐在していた当時、ロンドンの金融市場はきわめて小さなものでした。資産運用ビジネスはイギリスでもアメリカでも、必ずしも大きなものではなかった。やはり、依然としてバンキングのほうが相対的に大きかったのです。しかし、今日、ニューヨークは特にそうですが、バンキングよりも資本市場のほうが圧倒的に大きい。ロンドンもいまは世界有数の巨大な金融市場になり、ブレグジット（Brexit：イギリスのＥＵ離脱）で多少縮小するのかもしれませんが、全世界の資金調達がロンドンでなされています。

私は一九八六年までロンドンにいましたが、一九九〇年までにはまったく違うロンドンになってしまったと思います。いまやロンドンに行くと、私がいた頃とは別世界です。アメリカの社債市場はすでに一九八〇年代初頭、日本よりはるかに大きかったのですが、いまはあまりにも巨大かつ高度すぎて、当時のわれわれの想像をはるかに超えています。緩やかな変革であっても、五年、一〇年経つと世の中は様変わりするものですが、日本の場合、金融構造の変革をさらに加速しなければなりません。時間があまりないからです。

金融庁がフィデューシャリー・デューティーを強調しているのは、こうした金融の市場化という大きな政策の一環であるという認識が大切です。「顧客本位の業務運営」ということを、投資信託の販売という狭い領域で考えるのは適切ではないし、個人業務全体を含めて考えてもおそらく十分ではない。銀行や信用金庫など預金取扱金融機関の金融業界における地位の変動をもたらす変革の一環、金融機関の経営およびビジネスモデルの再構築そのものだという認識を持つことが重要です。

イギリスでもアメリカでも資本市場改革の前提条件として、フィデューシャリー改革が行われました。アメリカでは一九七四年に年金資産の運用に関して、有名なエリサ（Employee Retirement Income Security Act：ERISA、従業員退職所得保障法）という法律が成立しました。アメリカの法規範は日本のように成文化されているわけではなく、フィデューシャリー・デューティーの規範も成文化されていませんが、年金資産の運用についてはフィデューシャリー・デューティーが唯一成文化されています。そこで年金資産を運用・管理する受託者に対して厳格なフィデューシャリー・デューティーを課したことが、アメリカの資本市場改革の前提をなしました。

「金融行政方針」の真意を読み解く

いま、この日本で、フィデューシャリー・デューティーの徹底を求めることの背景にある考え方は、二〇一六年一〇月に公表された平成二八（二〇一六）事務年度の金融行政方針のなかにも随所に明確に書き込まれています。皆さんは金融行政方針を読まれると思いますが、いまの金融行政方針の書き方は昔とずいぶん違います。昔は業態別に記述されていたので、個別の金融機関は自分が属する業態の部分を読めばよかった。しかし、いまの金融行政方針は機能別の建付けになっています。しかも、市場機能が金融仲介機能よりも先に記述されています。ですから、全体をしっかり読まなければ真の意図はわからないようになっています。

金融行政方針ではまず、「横並びの量的な拡大競争に集中するようなビジネスモデルは限界に近づいてきている」という認識が示されています。「限界に近づいてきている」というのは、きわめて穏やかな表現で、限界を突破しつつあるというのが実態だと思います。これを受けて、金融構造改革の方向性として次のような事項があげられています。

○貯蓄→資産形成…「我が国の資金の流れは間接金融中心となっており、成長資金を真に必要とする主体に対しリスクマネーが十分に供給されていないなど、直接金融市場は未だ発展の途上にある」

ここで貯蓄から資産形成へというのは、「銀行預金から投資信託」ということに限りなく近いわけです。皆さん、これはどういうことを意味すると思いますか。預金取扱金融機関が担う金融機能とは、預金として集められた資金を、企業に対して融資として供給することです。貯蓄から資産形成へ、預金から投資信託へ移行するということは、その裏で企業の資金調達手段が、融資から社債、株式へ移行することを意味します。

冒頭紹介したように、一九八〇年代初頭からイギリスとアメリカで強力に推進された金融制度改革において、銀行の預金量はコンスタントに落ち、それに見合って資本市場の規模がコンスタントに増大しました。そして、今日では資本市場を経由する金融のほうがむしろ大きいという状態をつくりあげました。同じことが日本でも始まるわけです。

これは金融機関にとって本質的なことです。資本市場を通じて資金調達できる会社というのはおそらく二〇〇〇社から三〇〇〇社です。地方にそういう会社は少なく、ほとんどが東京や大阪の上場企業です。いまは上場企業であっても圧倒的に銀行融資への依存度が高いのですが、今後、それがコンスタントに下がっていって、市場調達への依存度が高くなっていきます。そうすると、メガバンクの業務は劇的に変わっていく可能性が高いでしょう。

では、地域金融機関はどうなるのでしょうか。非上場企業の場合、市場調達のウェイトが劇的に上昇することはないでしょう。したがって、地域金融機関において既存の借り手に対する融資を中心とした業務はそう変わらないと考えられますが、上場企業における市場調達のウェイトの高まりに応じて、投資信託の販売という業務の重要性が高まるはずです。ここで役務収益をしっかりと稼げるようにしていかなければいけません。そこで、次のような記述が出てきます。

○金融仲介機能→資本市場機能…「長短金利の低下が継続する中、銀行等においては、負債サイドの現預金と両建てで保有する国債や預け金からの収益確保が困難になっている。こうした状況の下では、銀行等において、国民の安定的な資産形成に資する良質な金融商品の販売等への方針転換を図ることは、銀行等自らの経営の安定性向上にもつながると考えられる」

預金集めから良質な金融商品の販売等への「方針転換」と言っています。これが、いわゆる「持続可能性のあるビジネスモデルの再構築」の内実です。金融庁の行政文書のなかで、預金削減の考え方が明確に打ち出されたのは初めてではないでしょうか。ついにそこまできたかという感じです。

ですから預金取扱金融機関は、預金も投資信託も、ということでは徐々になくなっていく、なくなっていかざるをえないのではないかと思います。そして、投資信託の販売を中心としたビジネスモデルにシフトしていかざるをえないがゆえに、金融機関は顧客の利益の視点に立った業務の再構築が求められる。それがフィデューシャリー・デューティーの確立ということだと思います。

○量→質…「人口減少が継続する中で、全ての金融機関が貸出規模の拡大により収益を維持することは現実的ではなく、資産規模をコントロールしつつ、より安定的な収益基盤の構築を行うことが重要となってきている」

○顧客基盤の拡大→顧客基盤の深耕…「収益拡大のための顧客の利益を軽視した営業が利用者保護上の問題につながる可能性もある」

「一般的に顧客企業の事業の内容をよく理解し、企業価値向上につながるアドバイスとファイナンスを提供することで収益を確保している地域金融機関については、金利低下が進む中においても貸出金利回りの低下幅が緩やかで、顧客基盤や経営を比較的安定させることに成功している傾向が見られる」

現在、企業向け融資の分野で、日本全体として融資総量が増えていないなかで、ある金融機関が融資額を増やそうと思えば、他の金融機関の融資を奪うということにならざるをえない。そして、それは金利だけの競争にならざるをえない。融資量全体が増えないなかで、金利だけが下がり続けるということになってしまうわけです。これに対して、現にあるお客様の深掘り、隠されたニーズの発見、あるいは顧客サービスの充実・高度化を徹底していくような方向へ業務の転換を進めている金融機関も出現しています。

これは投資信託販売にも通ずる考え方です。投資信託等の市場関連業務では「顧客本位の業務運営」と言われていて、預金取扱金融機関の伝統的な金融仲介業務では、重点施策が「顧客との共通価値の創造」と表現されています。「顧客本位の業務運営」と「顧客との共通価値の創造」というのは表現こそ違え、内容的に重なることは自明であって、ばらばらに二つのことが言われているわけではないのです。

フィデューシャリー・デューティー確立に向けた仕掛け①
――「ソフト・ロー」

それでは、金融庁は金融の市場化、さらにその前提となる金融機関におけるフィデューシャリー・デューティーの確立に向けて、どのような「仕掛け」を用意しているのでしょうか。図1－1をご覧ください。上のほうでスチュワードシップ・コード、コーポレートガバナンス・コードが、真ん中より少し下のあたりでフィデューシャリー・デューティーが四角で囲まれています。スチュワードシップ・コードは二〇一四年、コーポレートガバナンス・コードは二〇一五年につくられ、フィデューシャリー・デューティーは二〇一四年九月の金融行政方針のなかで、初めて新しい概念として導入されましたが、二〇一七年三月三〇日に「顧客本位の業務運営に関する原則」という、やたらと硬い日

図1－1　ガバナンス改革

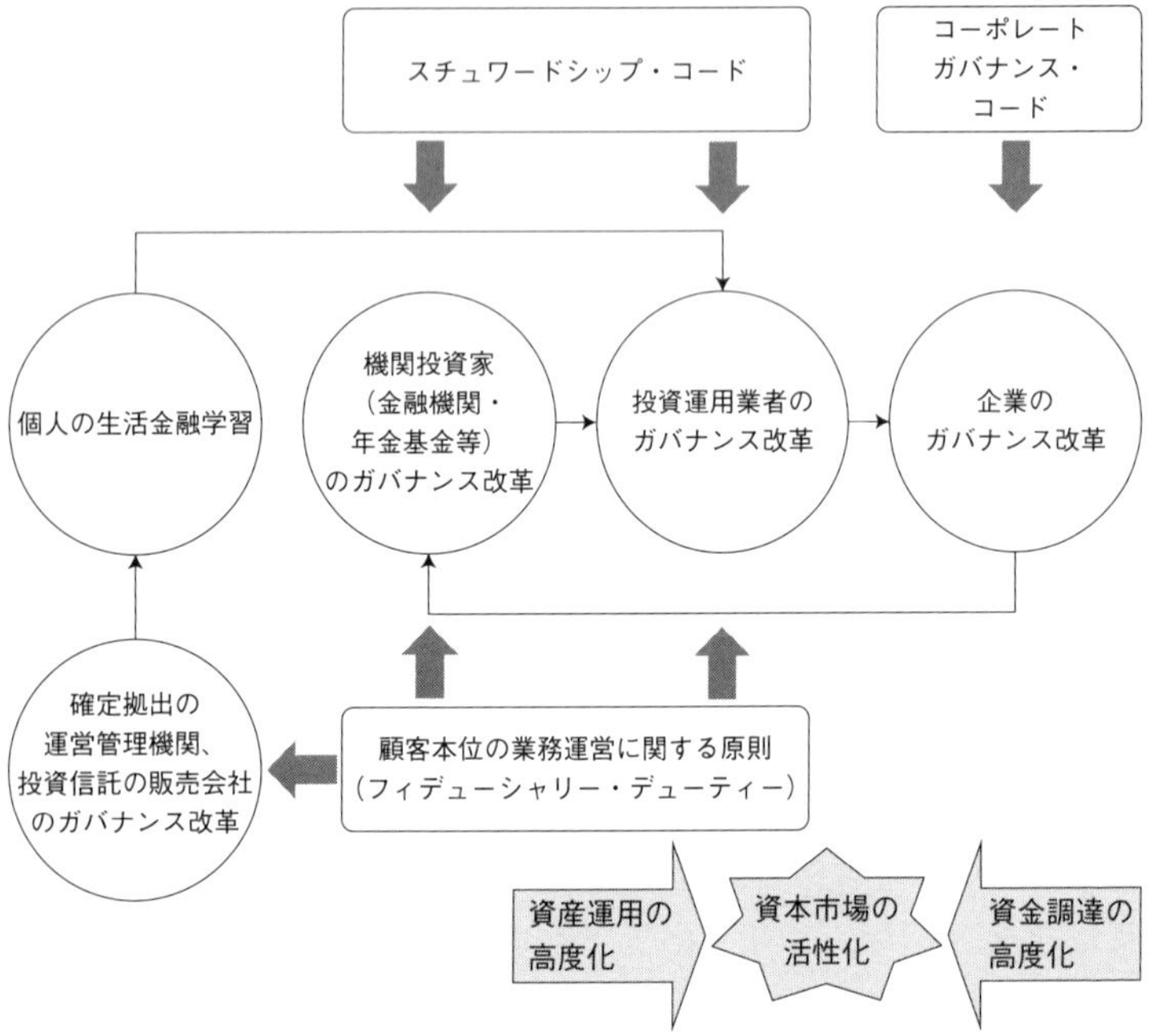

本語になり、フィデューシャリー・デューティーを超える客観的な規範として公表されました。

　これら三つは「ソフト・ロー」といわれているものです。「ソフト・ロー」は金融庁が制定する規制ではありません。規制ではありませんが、「柔らかい法律」ということで、各金融機関あるいは上場会社が自らその趣旨を理解し、コンプライ（採択）し、それに準拠する自らを律する規律を内部的に策定するものです。あるいは、それが不適当・不必要だと思うのであれば、コンプライしない理由をエクスプレイン（説明）することが求められます。フィデューシャリー・デューティーの場合は金融事業者という表現が使われていますが、金融事業者の自治・自律に一〇〇％任されているということです。

コーポレートガバナンス・コードは、企業のガバナンス改革を促すものです。今年（二〇一七年）六月末で策定から二年になり、ひょっとしたらスチュワードシップ・コードのように改正されるのかもしれませんが、金融庁が何度も言っているように、その実効性を強く求められているステージにあります。資本市場は、企業が社債や株式を発行して、投資家がそれを取得する場であり、そうした場が活性化するためには、株式や社債など有価証券を発行する企業の高度な責任が求められます。東芝のような状況に陥った企業の株式に投資価値は見出しにくく、誰も買えません。ああいう株を上場させておくのはいかがなものかということで、当然、抜本的なガバナンス改革が求められます。

企業が投資家に対して規律を保つためには、企業がしっかりした内部体制を構築し、自主的に行動すればいいのですが、やはり外部からの監視が必要だと考えられます。それは株主からの監視ということです。株主とは実態的に、投資信託や年金のお金を運用する投資運用業者です。そこで、次に投資運用業者のガバナンス改革が求められます。特にわれわれのような投資運用業者のお客様は、企業年金等の機関投資家です。このため、われわれのお客様のガバナンス改革がないと、われわれのガバナンス改革もありえず、われわれのガバナンス改革がないと、われわれが投資している企業のガバナンス改革もありえないという、ガバナンスの連鎖の必要性が指摘されています。

そして、フィデューシャリー・デューティーは機関投資家と投資運用業者のガバナンス改革のために策定されています。とりわけ、二〇一七年四月の金融庁の森長官の有名な講演では、きわめて異例なことに、年金基金のフィデューシャリー・デューティーが強調されています。たとえば、仮にわれわれのような投資運用業者やその顧客である年金基金の親会社・スポンサーが東芝のメイン銀行や取引先であったとき、投資運用業者が親会社・スポンサーのことをおもんばかって東芝株を売るのをやめることがあったとしたら、それはおかしいわけです。投資運用業者は一〇〇％投資家の利益を考えて行動しなければならない、それがフィデューシャリー・デューティーです。

そうすると、コーポレートガバナンス・コードで律せられた企業と、フィデューシャリー・デューティーで律せられた投資運用業者が資本市場でぶつかる。それを通じて適正な資金調達が図られる、というのが市場原理です。ただし、株主と企業がただ対立すればいいということではない。企業が増資や子会社売却のようなアクションを起こす際に、株主がなんらかの要求をしたら、こう着状態に陥ってしまうおそれがある。そこをブレーク・スルーするために必要とされるのが株主と企業の「対話原則」といわれているもので、それがスチュワードシップ・コードです。この三点でもって金融制度を、市場を中心にしたシステムに変えていこうということです。

ところで、投資運用業者のお客様として機関投資家と並んで重要なのは、投資信託のお客様である個人です。投資信託のお客様である個人を代表するのは販売会社です。ですから、販売会社にもフィデューシャリー・デューティーが課され、適正な投資信託の販売がなされることが強く求められます。投資信託の販売レベルで、投資信託の質が規定されるという考え方だと思います。実は、アメリカのフィデューシャリー・デューティーは投資信託の販売会社には課されていません。その意味で、日本のフィデューシャリー・デューティーはアメリカよりも厳格です。日本の金融市場が置かれている状況に鑑みて、販売段階を正しいものにすることが重要だと考えられているわけです。

アメリカのフィデューシャリー・デューティーと内容が違うので、金融庁が言っていることはおかしいのではないかという、つまらないことを言う人がいます。フィデューシャリー・デューティーという片仮名ではなく、「顧客本位の業務運営に関する原則」という言葉が使われた理由はそのへんにあるのかもしれません。

フィデューシャリー・デューティー確立に向けた仕掛け②
―「見える化」

フィデューシャリー・デューティー確立に向けた、金融庁のもう一つの仕掛けは「見える化」です。これは金融機関がやっていることを、お客様に見えるようにするということです。

どの金融機関もサービスが同じであれば、近所にあるからとか、勤めている会社と取引があるからという理由で、金融機関を選ぶことになるでしょう。私たちの世代はそうです。私の勤め先は三井系

図１－２　見える化

2016事務年度の金融行政方針より

- 「金融行政の目的は、利用者の合理的な選択の下で、金融機関等が自由に競争し、市場の機能が発揮されることによって実現していくことが理想」
- 「「見える化」を通じて、金融機関の取組みが顧客から正当に評価され、より良い取組みを行う金融機関が顧客に選択されていくメカニズムの実現」

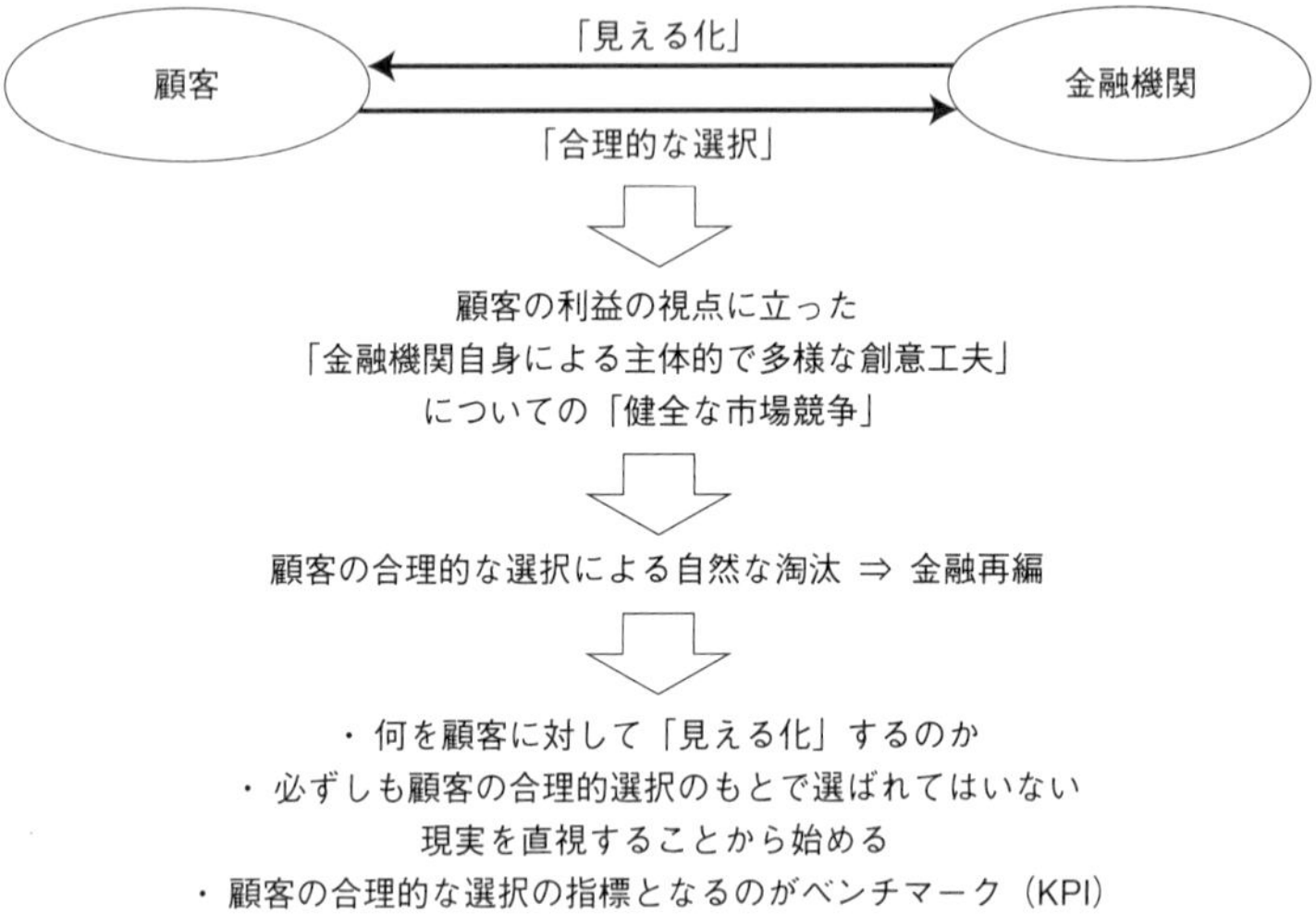

の会社でしたから、給与振込口座は三井銀行で、いまだに三井住友銀行に口座があります。三菱東京UFJ銀行に口座を移したところで、サービスの違いはたいしたことないので、ずっとそのままにしておくわけです。お客様の合理的選択によって金融機関が選ばれる可能性はまったくありません。鹿児島県に住んでいるから、鹿児島の銀行に口座を開くというのと同じです。それは、金融サービスによって金融機関が選択されているのではない。

　そのような状況を変える必要があるという認識を、森長官は二〇一七年四月の講演で飲食店を引き合いに出して説明されました。高くてまずい店がやっていけるわけがないと。日本では今日に至るまで、金融機関の間でサービスの内容や値段にほとんど差がないため、顧客の合理的選択が促されません。そこに市場原理を導入し、顧客の利益の視点に立った金融機関自身による主体的で多様な創意工夫が促され、健全な競争が行われるような時代にしなければならない。そして、健全な競争が始まるためには、金融機関がやっていることが顧客に見えなければいけないということになります。

「見える化」ということを、別に悪いところを見えるようにしなければならないというマイナスの意味で受け取る必要は少しもないわけで、商売の原則として、自分はお客様にこんなにいいことをしているんだとアピールすればいいと思います。自分はこんなにできが悪いとアピールする人はいません。いいことを積極的にアピールすればいいわけです。お客様に喜ばれていること、お客様から高く評価されていることをアピールすればいいわけです。それがベストプラクティスの追求です。

森長官は言葉使いが激しい方で、「淘汰」という単語を頻繁に使います。先の講演でも「見える化してしまうと、高くてまずい金融機関は淘汰される」というような発言が繰り返されました。顧客本位を口先だけで言い、具体的な行動が伴わない金融機関が淘汰されていく環境をつくることが金融庁の役目であるという趣旨の発言をされたため、会場がシーンとして凍りついたようになったといわれています。金融庁が公表している講演録にもそのまま「淘汰」という言葉が載っています。

ここで森長官は「顧客本位を口先だけで言う」と言っていますが、「口先だけで言っている」のか、「口先だけではなく行動が伴っている」のか、それを「見える化」する責任は金融庁にあるのではなく、金融機関自身にあるという認識が重要です。顧客本位に行動が伴っているのであれば、金融機関は行動を「見える化」するでしょう。そうすることによって、お客様を惹きつける。それが自然な競争であるということです。顧客本位原則は別に規制でも何でもないわけですから、金融庁は口先だけだからといって、金融機関を取り締まるということはないでしょう。ただ、顧客にとって金融機関が口先だけであることが見える、あるいは口先だけでないことが見えるようにすることは、金融庁にとってとても大切なことではないかと思います。

「顧客本位の業務運営に関する原則」をめぐる金融機関の対応の「見える化」

この「見える化」ということについて、もう少し深く考えてみましょう。当然のことですが、個々の金融機関が置かれた経営環境、顧客基盤、規模、競争条件等はすべて異なります。金融庁は経営コンサルタントでも何でもないし、個々の金融機関の経営に責任を持てるわけがありません。自分たちのお客様を見つめ直して、どうすることが正しい金融機関としての存立のありかたであるかを考えることは、徹頭徹尾、個々の金融機関の問題です。金融規制の問題ではありえないわけです。

したがって、金融庁としては、各社の「プリンシプル」、私は「プリンシプル」を「原則」と翻訳することは好みませんが、行動原則の確立を求めるということになります。それが「顧客本位の業務運営に関する原則」の採択、正しくは「顧客・社会への確約」です。これは「宣言」型の自律統制であって、金融機関自らがお客様に「こうします／こうしません」「ああします／ああしません」と約束することです。

現段階（二〇一七年五月時点）で「顧客本位の業務運営に関する原則」を採択している金融機関は一〇社くらいだと思いますが、みずほフィナンシャルグループは恐ろしいことに三月三〇日、金融庁が同原則を公表した数時間後にその採択を公表しました。当社は金融庁公表後の一、二時間後にその採択を公表したので、当然、第一号の公表だと思っていましたが、うかうかしていたら向こうが一番をとるくらいの勢いでした。その後、四月一四日に野村證券と野村アセットマネジメント、五月二日に三菱ＵＦＪフィナンシャルグループが同原則の採択を公表しています。

金融庁が「顧客本位の業務運営に関する原則」を公表するまでに、実は次のような経緯があります。もともと金融庁が二〇一四年九月の金融行政方針のなかでフィデューシャリー・デューティーという言葉を持ち出したとき、私は直感的に「フィデューシャリー・デューティー・コード」が策定されるのではないかと思いました。実際、フィデューシャリー・デューティーの徹底と言ったわりには具体的な施策が打ち出されていないので、なんら実効性がないのではないかという意見が二〇一四年九月の段階でありました。ですから、私たちはいろいろ考えて、金融庁に何か言われる前に先手を打つべく、当社と三井住友アセットマネジメント、セゾン投信、そして東京海上アセットマネジメントの四社で二〇一五年八月以降、「フィデューシャリー宣言」を出しました。

その後、二〇一六年二月以降、みずほフィナンシャルグループ、三菱ＵＦＪフィナンシャルグループなどフィデューシャリー宣言を出す金融機関が相次ぎましたが、困ったことに後のほうになればなるほど内容が恐ろしく貧困になっていきました。読めばわかりますが、表現が違います。たとえば、みずほフィナンシャルグループの宣言は相当程度、「やります」「やりません」という表現でしたが、三菱ＵＦＪフィナンシャルグループの宣言は「努めます」「努力します」という表現に終始していました。

しかし、「努めます」という約束はありません。フィデューシャリー宣言は努力目標ではなく、金融機関の自己規律です。したがって、「やる」「やらない」をはっきりしなければ意味がない。そこを勘違いしている人がずいぶんいます。私は相当こっぴどく、三菱ＵＦＪフィナンシャルグループの宣言を批判しました。そうしたら、金融庁の「顧客本位の業務運営に関する原則」公表後に出された同グループの原則はだいぶ改善されたようです。

いずれにしても、最後のほうで出されたフィデューシャリー宣言は完全に無内容で、経営の努力目標ですらないような、つまらないスローガンが書かれていました。「顧客第一主義」とか書かれていましたが、そんなことは当たり前です。顧客第一主義を具体的な規範に落とし込んだものが顧客本位原則です。これはいけないなと思っていたら、案の定、フィデューシャリー・デューティーが「顧客本位の業務運営に関する原則」というソフト・ローになりました。そうでもしなければ、内容の劣化を食い止められないという感覚を私も持ちました。

私は、実はフィデューシャリー・デューティー・コードには一貫して強く反対していましたが、同業他社があまりにもみじめなので「仕方がない」と感じています。それが先の森長官講演の、「口先だけのフィデューシャリー宣言は許さない」という発言につながっているわけです。約束ですから、「やる／やらない」「できる／できない」です。できないのであれば、できるようにすればいい。いまはできないことを率直に認めて、「三年かけてこうしていきます」といった行程表をつくって約束するというのも一つのありかたです。たとえば、三井住友アセットマネジメントのフィデューシャリー宣言は、そのような内容になっています。

「顧客本位の業務運営」に関するＫＰＩとは何か

金融機関が「顧客本位の業務運営に関する原則」を採択し、その原則にのっとった経営を顧客・社会に対して約束するということは、金融機関が自主的なルールをつくるということです。プリンシプルベースか、ルールベースかということは、金融庁の立場からの言い方にすぎず、金融機関の立場から見れば、どちらであってもつくったルールは遵守しなければなりません。ルールの遵守を確保する

図1－3　プリンシプルとベンチマーク（KPI）

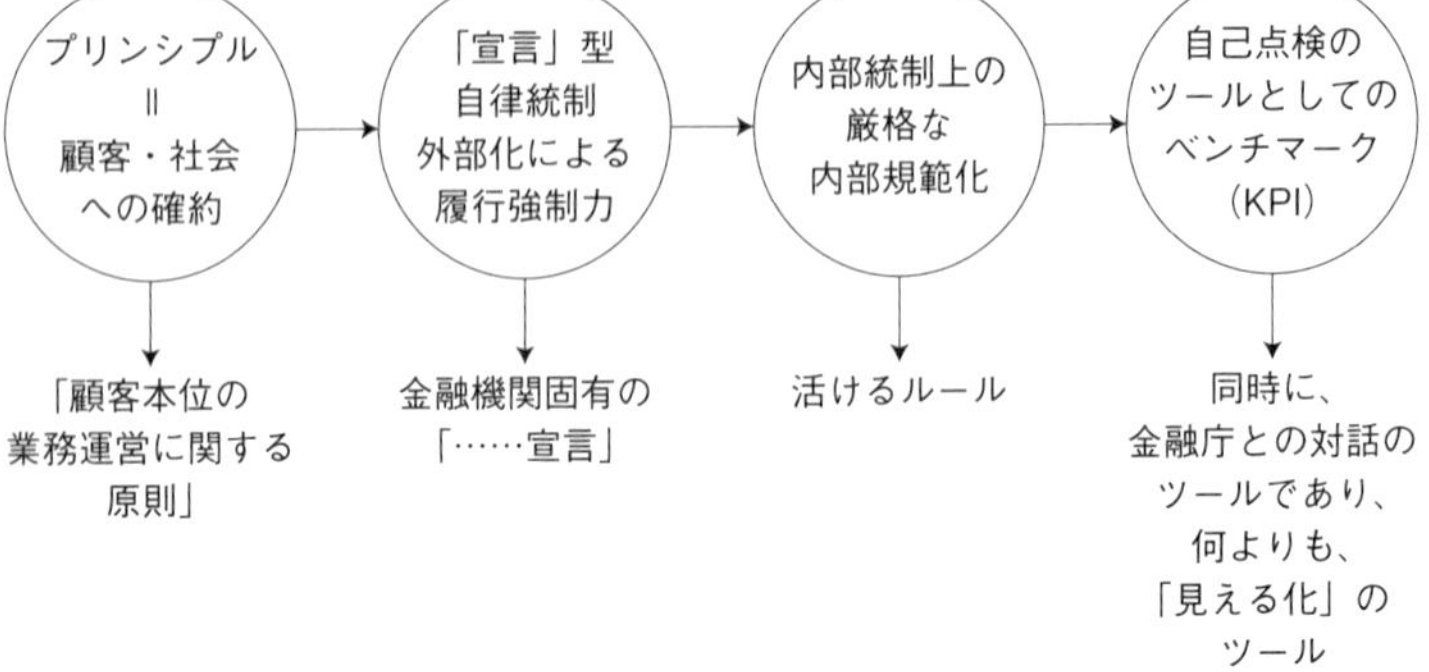

KPI＝Key Performance Indicator（重要業績評価指標）

ためには、定期的に遵守状況を点検するプロセスが必要になります。その自己点検の道具が「ＫＰＩ」（Key Performance Indicator）、あるいは「ベンチマーク」です。二〇一六事務年度の金融行政方針では、フィデューシャリー・デューティーについてもベンチマークという言葉が使われていました。

したがって、ベンチマークあるいはＫＰＩというのは、金融庁と金融機関の対話のツールではありません。また、顧客に対する開示のツールでもありません。ベンチマークあるいはＫＰＩは、原理的に自己点検のツールです。自分で決めたルールを自分が守っているかを自己点検しなければ、規律の実効性があるわけがない。それが「口先だけの顧客本位原則」という森長官の言い方になっているわけで、自己点検をしない金融機関のことを強く批判されています。自己点検が強く求められています。ただ、自己点検結果はお客様に示すべきものなので、それが開示になります。さらに、自己点検結果をベースにして金融庁と対話をしていくから、対話のツールにもなるわけです。

自分で決めたルールを守っているかどうかを自分で点検するツールがＫＰＩあるいはベンチマークだとすれば、何をＫＰＩあるいはベンチマークとするかも自分で決めることにならざるをえません。「金融庁が求めるＫＰＩあるいはベンチマークとは何か」などと、つまらないことを考える必要はありません。自分で決めたルールを遵守しているかどうかを自己点検するために必要な指標がＫＰＩです。金融庁から何かＫＰＩに関する指針が出るのを待っているような金融機関は、仮に「顧客本位の業務運営に関する原則」を出したとしても、口先だけの顧客本位原則と言われるに決まっています。

いま、「顧客本位の業務運営に関する原則」あるいはフィデューシャリー宣言の遵守状況を点検するために、内部的な経営指標を活用しているのは当社だけです。ＨＣアセットマネジメントのウェブサイトで「フィデューシャリー宣言の遵守状況の振り返り」を見ていただくと、よくこんな経営機密情報を開示するなと驚かれるのではないでしょうか。当社の顧客本位とは、新規のお客様を追い求めることではなく、徹底して既存のお客様を重視することです。それが遵守されているかどうかは、契約継続率と増額率に表れます。お客様が当社のサービスに満足していなければ、契約を継続したり、運用を委託する資産を増額したりすることはないでしょう。

二〇一七年三月期までで、当社の五年超契約継続率（解約顧客を含む全顧客のうち五年超契約を継続している顧客の割合）は七〇％前後、増額率（解約顧客を含む全顧客のうち契約締結後に運用資産を増額した顧客の割合）は六〇％後半で推移しています。預り資産の総額のうち、既存顧客からの増額が新規契約による増額を一貫して大幅に上回っています。解約率は五％以下です。お客様（年金基金）ご自身が解散を決めた場合は仕方ありませんが、主要契約の解約は創業以来ありません。こういったことをすべて毎決算期に測定し、その結果を開示しています。

また、当社は新規のお客様を求めるための営業活動をしませんから、そのための営業経費はかかりません。新規獲得契約のほとんどは既存顧客からの紹介、口コミ、縁故です。こうした営業努力によらない、運用資産の増額はきわめて利益率が高い。金融庁が言うように、収益性は結果的に顧客本位のほうが高くなります。

投資信託の販売でも、残高が積み上がってきて残高比例報酬中心になれば、既存顧客の満足度を上げることがいかに大事かを実感できると思います。昨年の残高比例報酬が10で、今年は既存顧客からの増額や紹介で11だったとします。その差額の1は原価がほとんどかかっていない1なので、利益率がきわめて高くなります。

一般に新規の契約を獲得して販売手数料を得るためには、販売員へのボーナスなど膨大なコストをかけなければなりません。売上げとコストがパラレルに上がっていきます。これに対して残高比例報酬では、契約が続く限り、営業経費をかけずに継続的に収入を得ることができます。残高比例報酬中心のビジネスモデルになれば、投信販売会社の収益性はまったく変わってくるはずです。

「顧客本位」とは何か――信頼関係から信認関係へ

次に、「顧客本位」とはどういうことかをもう少し深く考えてみましょう。皆さんにはきっと二つの誤解があると思います。いずれも顧客からの信頼を損なっていなければそれでいいかという問題です。日本の金融機関は信頼されている。それはそうかもしれない。しかし、それは「信認関係」というところまで高度化されていません。

まず、顧客を保護するための法令を遵守しているからといって、顧客本位の業務運営が行われているとはいえません。金融庁が有名な金融機関を三つ、四つピックアップして特別検査をしたところ、森長官の表現によれば、「金融商品取引法違反の事実はまったく出なかった。恐ろしいことに同法違反の疑いすらほとんど見つからなかった」にもかかわらず、へんてこりんな投資信託が大量に売られていたということです。フィデューシャリー・デューティーはコンプライアンスではない。違法の事実がないだけではビジネスの進展も、金融の高度化も起きませんから、法令遵守では足りません。

次に、アメリカやイギリスでは、顧客からの信頼があるという事実から、顧客からの信頼を得ている事業者はその信頼を絶対に裏切ることができないという規律を導きました。それがフィデューシャリー・デューティーです。顧客からの信頼を決して裏切ることができないというレベルまで高度化し

図１－４　信頼関係から信認（フィデューシャリー）関係へ

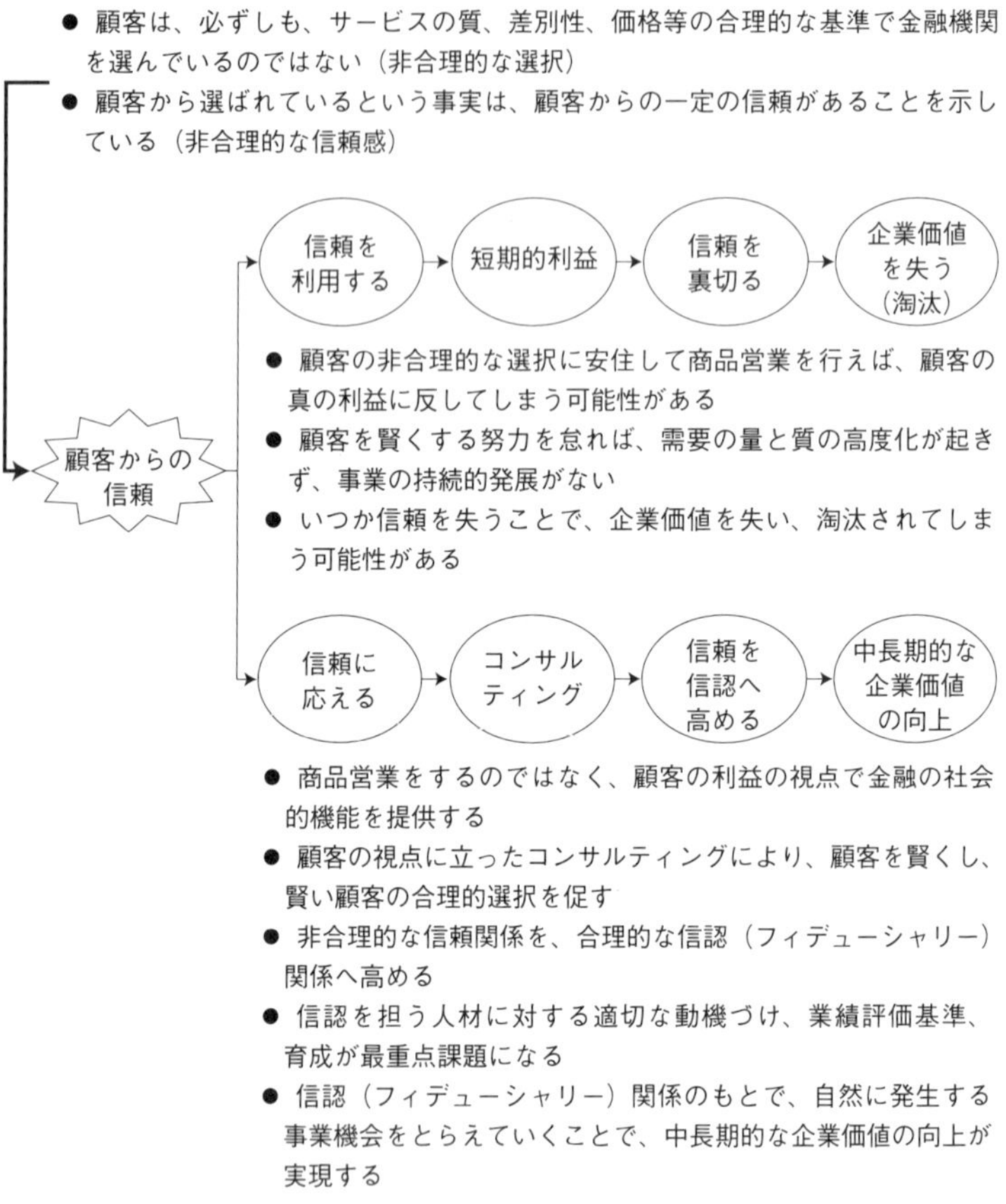
● 顧客は、必ずしも、サービスの質、差別性、価格等の合理的な基準で金融機関を選んでいるのではない（非合理的な選択）
● 顧客から選ばれているという事実は、顧客からの一定の信頼があることを示している（非合理的な信頼感）
顧客からの信頼
信頼を利用する
短期的利益
信頼を裏切る
企業価値を失う（淘汰）
● 顧客の非合理的な選択に安住して商品営業を行えば、顧客の真の利益に反してしまう可能性がある
● 顧客を賢くする努力を怠れば、需要の量と質の高度化が起きず、事業の持続的発展がない
● いつか信頼を失うことで、企業価値を失い、淘汰されてしまう可能性がある
信頼に応える
コンサルティング
信頼を信認へ高める
中長期的な企業価値の向上
● 商品営業をするのではなく、顧客の利益の視点で金融の社会的機能を提供する
● 顧客の視点に立ったコンサルティングにより、顧客を賢くし、賢い顧客の合理的選択を促す
● 非合理的な信頼関係を、合理的な信認（フィデューシャリー）関係へ高める
● 信認を担う人材に対する適切な動機づけ、業績評価基準、育成が最重点課題になる
● 信認（フィデューシャリー）関係のもとで、自然に発生する事業機会をとらえていくことで、中長期的な企業価値の向上が実現する

た関係を、アメリカでは「フィデューシャリー・リレーションシップ」といい、「信認関係」という日本語が当てられています。フィデューシャリーは信認であって、信頼ではありません。信頼をはるかに超えるものであるということです。

ところが、日本では顧客からの信頼を悪用というと厳しすぎるかもしれませんが、信頼の上に安住したような取引が横行しています。日本の金融機関が顧客から信頼されていることは間違いありません。たとえば、野村證券の営業力には定評がありますが、強引に売り付けても業績は伸びませんから、営業力があるということは強力な顧客基盤、顧客からの信頼があるということです。地方銀行にも信用金庫にも、顧客からの大きな信頼があります。金融庁もそんなことを否定していない。しかし、日本の金融機関がそうした顧客からの信頼に値する行動をとっているかを問うているわけです。

英米では、業者が顧客から信頼されているという事実から、業者は顧客の信頼を裏切れないという厳しい原則を導いているのに、かたや日本では顧客の信頼があるから安心だという業者の甘えを導くのはなぜでしょうか。やはり、業者が顧客からの信頼の上にあぐらをかくのはおかしい。そんなことでは人間社会は成長しません。高度経済成長期には皆が相互にもたれあって幸せになれたのかもしれませんが、それは三〇年前に終わった世界なのです。もはやその余韻もないなかで、新しい社会システムを構築しなければならない。信頼の上に甘えることを許さず、信頼を裏切れないという厳しい顧客との関係に変えていかなければならないと思われます。

「もっぱらに顧客のために」①――自己の利益を図らない

顧客の信頼を裏切らないために、金融事業者は「もっぱらに顧客のために」行動しなければなりません。英米では衡平（エクイティ）法といって、成文化されたルールではありませんが、イギリス中世にさかのぼる膨大な判例の積重ねがあり、実態的に何がフィデューシャリー・デューティー違反になるかが確定しています。フィデューシャリー・デューティーはきわめて厳しいものです。

「もっぱらに顧客のために」ということは、第一に自己の利益を図らないということです。しかし、皆さんはそれをおかしいと思いませんか。商売はすべからく自己の利益のためにやるものであって、お客様から手数料をもらったら自己の利益を図っていることになりませんか。実は、古く資産管理は、友だちが友だちを助ける無償の行為でした。いまはさすがにビジネスですが、それによって資産管理は無償の行為でなければならないという哲学は「合理的報酬」という考え方にかたちを変えました。金融庁の「顧客本位の業務運営に関する原則」でも、合理的報酬の考え方が採用されていると思います。

では、合理的報酬とは何でしょうか。インデックスファンドは手数料が安いですが、手数料は安ければ安いほどいいということでしょうか。そうではないと思います。手数料をなるべく安くするということは顧客本位の一つのありかたであって、本来は金融機関自身がいろいろなことを考えればいいのです。金融庁は森長官を含めて、ただの一度も「手数料が高い／低い」を問題視したことはありません。一貫して「もらっている報酬に値する役務が提供されているのか」を問うています。「手数料をとるな」と言っているのではなく、「役務の提供に見合った手数料をとれ」と言っているのです。

しかし、「役務の提供に見合った手数料」とは何でしょうか。投資信託の販売手数料が三％だとすると、一〇〇万円投信を売ったら三万円の手数料になります。三万円の役務の提供とは、どういう内容をもつのでしょうか。販売員が投資信託の商品性をお客様に説明して、納得を得て、買ってもらうまでには二時間くらいかかる。そうした労力をかけるのであれば、三万円くらいもらわなければペイしないということでしょうか。

これは金融庁が指摘している事例の一つなのですが、某巨大金融グループでは一つの投資信託を傘下の銀行や証券会社の店頭でも、ネット証券でも売っており、顧客はどこで買っても三％の手数料を払うことになっているそうです。しかし、先ほどの販売手数料の合理性に関する説明からすると、ネット証券で三％の手数料をとる合理性はあるのでしょうか。

そこで、ネット証券で三％の手数料をとる合理性は見出しがたいので、銀行の店頭では三％をとるけれども、ネット証券では手数料なしにするとします。この場合、銀行の店頭にお客様が来て当該ファンドの話になったとき、銀行の販売員にはお客様に「ネットだったら手数料はかかりません」という情報を提供する義務があると感じませんか。銀行はそれを黙っていて、三％で売ってしまっていいのでしょうか。

さらに、最終的に「ネットなら手数料は不要です」と言わなければ顧客を裏切ることになるとすれば、店頭で三%をとることも難しくならないでしょうか。そうすると、販売チャネルごとに商品ラインアップを変えなければいけないと思いませんか。ネットはネットにふさわしい顧客属性、商品属性、手数料体系、対面は対面にふさわしい商品説明、手数料体系にしなければいけないと思いませんか。

これはビジネスモデルの高度な建付けの問題です。この銀行がどうしようと法令違反ではありません。銀行自身がどうすればいいかを決めればいいだけです。こうしたことを考えることが、金融庁のいうフィデューシャリー・デューティーの徹底です。金融機関がこんなことを金融庁に相談に行くようになったら、世も末です。

「もっぱらに顧客のために」②――第三者の利益を図らない

「もっぱらに顧客のために」ということは、第二に、第三者の利益を図らないということです。有名な利益相反の問題ですが、これについて金融庁は三歩も四歩も踏み込みました。金融庁の「顧客本位の業務運営に関する原則」の原則3です。

原則3　金融事業者は、取引における顧客との利益相反の可能性について正確に把握し、利益相反の可能性がある場合には、当該利益相反を適切に管理すべきである。金融事業者は、そのための具体的な対応方針をあらかじめ策定すべきである。

ここでは「利益相反」とは書いていません。「利益相反の可能性」と書いてあります。利益相反そのものは論外であり、利益相反の可能性の管理体制をしっかりつくれと言っているわけです。これには古い歴史があります。他人から資産の運用管理を受託する事業者には忠実義務が課されていますが、事業者が忠実義務違反で責任を追及された例はありません。しかし、現実に利益相反のおそれは日本の金融業界に蔓延しています。

たとえば、野村證券が野村アセットマネジメントの投資信託を販売することは、利益相反のおそれがあります。しかし、それを取り締まることはできません。なぜなら、具体的に損失を立証できないからです。投資信託のリターンは偶然に左右されるから、大和投信ではなく野村アセットマネジメントの投資信託を買わされたために顧客が損害を被ったと主張することは難しいわけです。ですから、金融機関がグループ会社の投資信託を販売することは利益相反のおそれがありますが、利益相反自体ではないと考えられています。

ところが、金融庁は今回、利益相反の可能性に対する厳格な管理体制を求めました。金融庁が金融機関の経営者に対して、利益相反の可能性があるという事実を認識しろと迫ったのは歴史的なことです。そうしたら、さすが野村證券です。同社の「お客様本位の業務運営を実現するための方針」には、次のように書かれています。

「当社は、投資信託の取扱商品を決定する際には、評価機関による調査・分析を経て一定以上の評価がなされているものを採用する等、グループ会社の商品に捉われることなく、幅広い候補の中から品質の高いものを選定します」

これにより、野村證券は「投資信託を店頭に置くときは、系列関係を顧みない」とはっきりと約束しました。したがって、野村證券が今後、野村アセットマネジメントの商品だからという理由で野村アセットマネジメントが運用する投資信託を採用することはなくなります。これまで、野村證券も大和証券も露骨に系列関係を重視してきました。しかし、今後、野村證券では、大和証券グループ系の運用会社のファンドが選ばれることもあるだろうし、逆に野村アセットマネジメントが運用する投資信託が一本も選ばれないということもありうることになります。

野村アセットマネジメントはもはや、野村證券とは何の関係もない会社になってしまいました。野村アセットマネジメントは兄弟会社だからという理由で、野村證券が同社のファンドを売ってくれるということは未来永劫ありません。野村アセットマネジメントは今後、運用内容だけで勝負しなければいけなくなります。それが運用内容、運用技術の高度化をもたらします。それこそがフィデューシャリー・デューティーの目的です。

野村證券が打ち出したこの原則の、ベンチマークあるいはKPIは明らかです。同社が一年間で採用することを決めた新規ファンドのうち、野村アセットマネジメントのファンドがいくつあるかがK

ＰＩになるでしょう。新規ファンド一〇本のうち、野村アセットマネジメントのファンドが七本も八本も入っていたらおかしい。口先だけの顧客本位原則だったということになります。意図的に野村アセットマネジメントを排除する必要はないけれども、同社のファンドの内容がいいから選んだはずなのに、そんなファンドが一〇ファンド中七本も八本もあったら、誰がそんなことを信用するでしょうか。来年、野村證券は自分の顧客本位原則の検証結果を公表することになるはずですが、それが業界に与えるインパクトは大きいと思います。

野村證券が二〇一七年四月に公表した顧客本位原則はいま、水面下ではすでに大きな波紋を呼んでいます。同社だけではなく、みずほ、三菱ＵＦＪなど日本有数の巨大金融機関がどんどん変わっていくなかで、地域金融機関はどうするのでしょうか。大手金融機関のほうが顧客密着、顧客本位だということになってしまったら、地域金融機関の存在意義は失われてしまうのではないでしょうか。地域金融機関においては、より率先した取組みが求められるのではないかということです。

現時点（二〇一七年五月時点）においては、地域金融機関で、顧客本位原則を公表したところはまだ一つもありません。先述のように、みずほフィナンシャルグループ、三菱ＵＦＪフィナンシャルグループ、野村證券は顧客本位原則を公表しましたが、三井住友フィナンシャルグループはまだ出していません。大和証券もまだです。しかも、各社が公表した顧客本位原則の内容は少しずつ違います。このように、各金融機関の経営姿勢はすでに「見える化」しています。

「顧客本位」は「顧客満足」ではない

顧客本位は顧客満足と違うということも明確にしておきたいと思います。金融庁は「顧客本位」と言っていますが、ただの一度も「顧客満足」と言ったことはありません。金融庁は、へんてこりんな投資信託が売れるのは、顧客満足があるからだということをちゃんと知っています。顧客満足に基づいてへんてこりんな投資信託を売ることは、顧客本位ではないのです。

信用金庫の人なら、城南信金の小原鐵五郎理事長の「貸すも親切、貸さぬも親切」という言葉を知っているでしょう。顧客が貸してくれと言っているのに、貸さないのは顧客満足に反します。しかし、それが顧客本位の徹底になります。資金使途によっては貸さないほうがお客様の利益になる場合がたくさんあるからです。

昭和の終わり、金融機関が皆、顧客本位であったら、不動産バブルは起きなかったでしょう。いま金融庁が金融機関による過剰なアパートローンやカードローンを問題視しているようですが、借り手はローンを出してもらって満足しているはずです。しかし、顧客本位でない水準までアパートローンやカードローンの残高が増えているというのが、金融庁の見立てなのではないでしょうか。こうした注意喚起は顧客本位の立場からなされています。顧客満足からではありません。

投資信託の販売も同じことで、この投信を売ってくれと言われても、場合によっては「お客様には無理です」と断ることが顧客本位です。ですから、顧客本位とは「おせっかい」「よけいなお世話」です。

金融は規制されていますが、規制業種のほとんどが顧客本位の徹底が求められる産業です。私はNPOで大学の経営改革運動に関わっていますが、大学のお客様が学生だとすると、顧客満足を高めるためには簡単に卒業を認めてあげればいい。しかし、それは顧客本位ではありません。顧客本位に立てば、留年させてでも社会で役に立つ学力をきちんと身につけさせる必要があります。

あるいは、いま病院へ行くと、高齢者で待合室が大変混み合っていますが、顧客満足度の高い医者はよくない医者でしょう。簡単に薬を出せば顧客満足度が高まりますが、医療費は増えるし、そもそも患者にとってよくない。患者を病院に来る必要のない状態にすること、病院に来る必要のない患者を排除することが顧客本位の医療だと思います。医療費を減らすような行動、病院の売上げを減らすような行動が医者にとっての顧客本位だということになるわけです。

ギャンブルを思い浮かべれば、顧客本位と顧客満足の違いはより明確になるでしょう。ギャンブルほど顧客満足度が高く、顧客本位でないものはありません。

為替や株の信用取引、インターネット証券を通じた自称デイトレーダーによる取引は、ギャンブルに似たところがあります。為替の投機があるから実需に基づいた為替取引の決済が円滑に行われ、インターネットで自称デイトレーダーが株を売買することが株式市場の流動性を支えている側面もあり

図１－５　顧客本位と顧客満足の違いを考える

- 賢くない顧客におもねる営業 ⇒ ギャンブル・宝くじ等と同じで、顧客本位でないほど、顧客満足が高くなるが、最終的には、顧客の真の利益を損ねる
- 顧客を賢くする営業 ⇒ 顧客本位の徹底は、表面的な顧客満足に反することも辞さないことで、最終的に、顧客の真の利益を守ること
- 顧客を賢くする義務がフィデューシャリー・デューティーであり、顧客が賢くなるほど金融機関の利益になるのが持続可能性のあるビジネスモデル

顧客満足

- おもねる、もちあげる、気持ちよくさせる（騙すに近い）
- 煙草
- 熱心な営業行為
- 無駄な消費（カードローン等の過剰融資）
- 投資教育（「投資のリスク」）という名の営業
- FX、投機、妙な投資信託

賢くない顧客
＋
金融機関への非合理的な信頼
＝
非合理的な顧客満足
⇩
短期的な金融機関の利益 ⇒ 長期的な顧客の損失
⇩
金融機関の企業価値の喪失 ⇒ 淘汰

顧客本位

- おせっかい、諭す、耳が痛いことを言う
- 「吸わぬほうが身のためだ」的警告の表示
- 「貸すも親切、貸さぬも親切」
- 合理的な消費
- 家計規律（「生活のリスク」）のもとの余剰の形成（資産形成）
- 真の投資信託

賢い顧客
＋
金融機関への合理的な信認
＝
合理的な顧客満足
⇩
長期的な顧客の利益 ⇒ 長期的な金融機関の利益
⇩
金融機関の企業価値の上昇 ⇒ 持続可能性のある成長

顧客を賢くする義務としての顧客本位

顧客との共通価値の創造

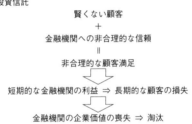

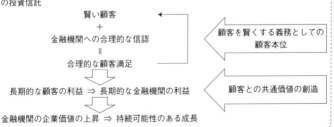

ます。しかし、それらは国民の安定的な資産形成とは何の関係もありません。したがって、顧客本位原則とも関係ありません。

長期積立分散投資は誰にとっての顧客本位か

顧客本位原則の目的は、あくまでも国民の安定的な資産形成に資することにあります。したがって、顧客本位原則が典型的に適用になるのは、若年の被雇用者が三〇年、四〇年にわたって積立NISA等を活用して資産形成を行う場面です。

しかし、ここで大きな疑問が生じます。すでに資産を形成した高齢者向けの投資信託はどうあるべきなのでしょうか。特に地域金融機関の場合、高齢者預金のウェイトは非常に大きいと思います。高齢の預金者に対してどういうサービスを提供するかは、ビジネスモデルの選択としてきわめて重要であるはずです。

森長官は二〇一七年四月の講演で、日本に五六〇〇本ある投資信託のうち、積立NISAに適した投資信託は五〇本しかないという趣旨の発言をされています。つまり、一%です。では残った九九%はクズかというと、森長官は決してそうは言っていません。積立NISAに適したものだけが投資信託ではありません。高齢の預金者を投資信託に案内するのであれば、それに適した商品は、長期間にわたって運用資産を積み立てることを前提とした商品と同じであるはずがない。では何が適切かということを、金融庁が示せるはずもありません。

金融庁が施策の中心としている商品は、現在の地域金融機関の投資信託の販売において決して大きなウェイトを占めている商品ではない可能性が高いと思います。しかし、高齢者向けの投資信託販売が皆さんのビジネスで決して小さくないウェイトを占めるのであれば、そこに適用されるべき顧客本位原則とは何かを明らかにする必要があると思います。一〇〇〇万円の毎月分配型の投資信託で、年分配率六%とすると月当り〇・五%、五万円の分配になります。それが月々の年金の補完になるという営業トーク自体は、なんら否定されるべきものではありません。

資産を運用しながら元本を定期的に取り崩すことが高齢者にとっての顧客本位であるならば、その目的を純粋に実現すればいい。森長官は元本一〇〇〇万円で五万円の月年金という考え方を、「複利効果がない」という理由で否定しています。しかし、高齢者に、なぜ複利効果が必要なのでしょうか。逆に皆さんは、そういうことを森長官に対して反論できなければいけません。

そこに本当の顧客のニーズがあるならば、毎月分配型の商品設計自体は決して間違っているわけではありません。しかし、そのなかで過大なリスクテイク、不適切な手数料体系、不十分な商品説明等がなされているとしたら、顧客本位に反するのではないでしょうか。たとえば、金利を高くするためにトルコリラやブラジルレアル建てにして、高齢者に余計なリスクをとらせる必要はないはずです。そうすれば損失が発生した後、思いがけず相続が発生して息子から怒鳴り込まれるということもありません。

森長官は決して積立ＮＩＳＡに適した投資信託だけを推奨して、それ以外の投資信託を全否定しているわけではありません。インデックス運用だけを認めているわけでもない。金融庁全体としてはアクティブ運用に頑張ってもらいたいというのが本音だと思います。アクティブ運用でなければ、企業のコーポレートガバナンス改革はできません。インデックス運用であれば、良い会社でも悪い会社でも軒並み投資してしまいますから、東芝に「ノー」を突き付けるということはできません。

「捨てられない銀行員」に

最後に申し上げたいのは、お客様本位に立って、お客様の利益になることをすることが金融機関の最終的な利益になるのだということです。いま、「働き方改革」が叫ばれていますが、銀行や信用金庫でお客様に対して誠実な取引をしていれば、個人リテール業務なら、会社を辞めても独立したファイナンシャルプランナーとして食べていけます。そうであることが望ましいと思います。いずれにしてもお客様はどこかの金融機関に資産を預けるわけですから、職員がファイナンシャルプランナーとして独立しても、銀行や信用金庫が顧客基盤を失うわけではありません。そういう考え方で、お客様の喜んでくれる顔を目当てに仕事をするほうが、ノルマなどに追いまくられて仕事をするよりもはるかに楽しいと思います。いろいろ申し上げましたが、これで終わりにいたします。

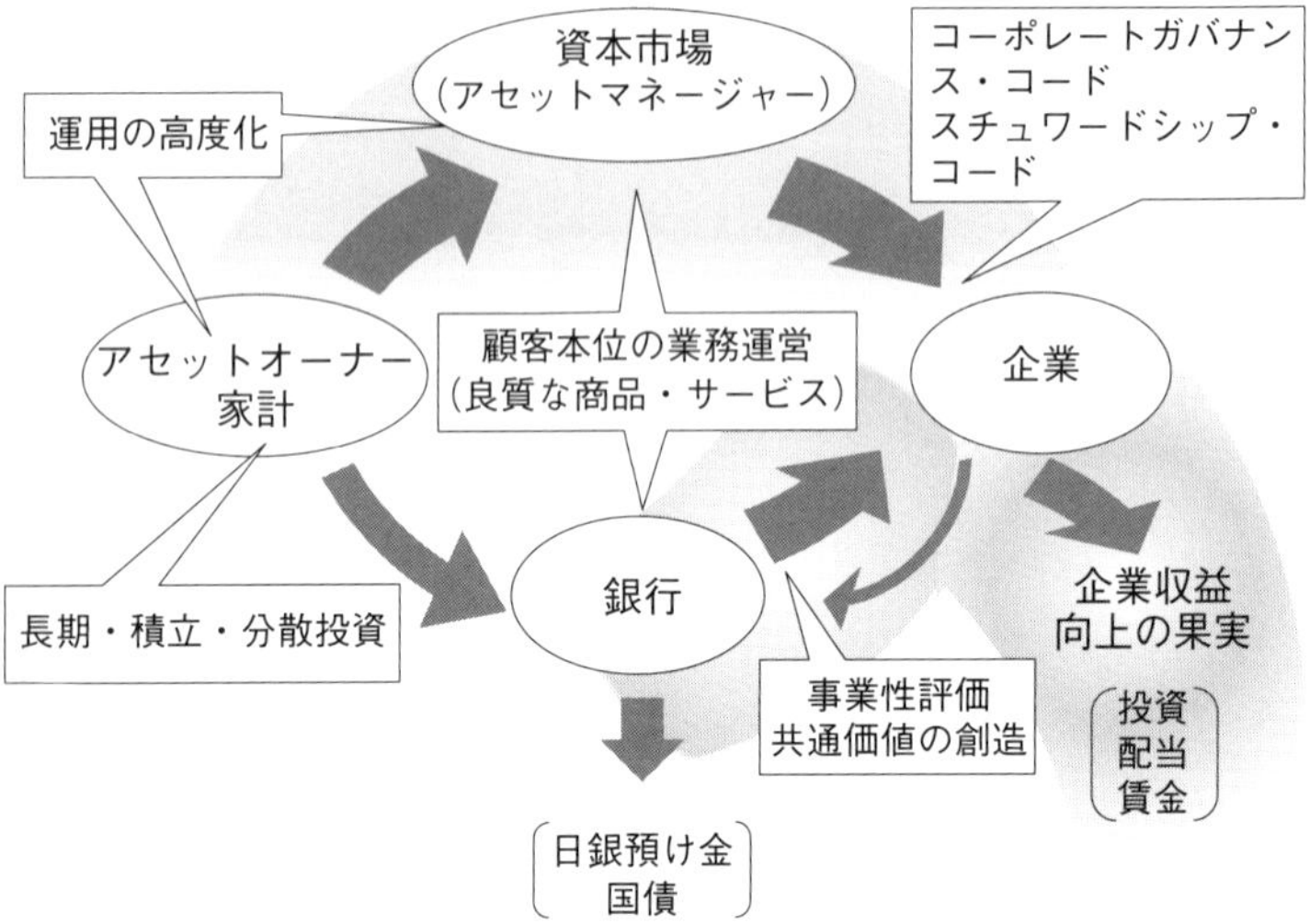

［参考］

・「顧客本位の業務運営に関する原則」（二〇一七年三月三〇日、金融庁）

・「日本の資産運用業界への期待」（二〇一七年四月七日、日本証券アナリスト協会・第八回国際セミナーにおける森金融庁長官基調講演）

＊　＊　＊　＊　＊

FD推進フォーラム大阪が開催された約半年後（二〇一七年一一月）に平成二九（二〇一七）事務年度の金融行政方針が公表されました。

二〇一五年の金融行政方針において明確にされた金融行政の目標である、「企業・経済の持続的成長と安定的な資産形成等による国民の厚生の増大」の実現に向けて、「金融と経済の好循環のイメージ」という図（図1－6）が示されています。

図1－6　金融と経済の好循環のイメージ

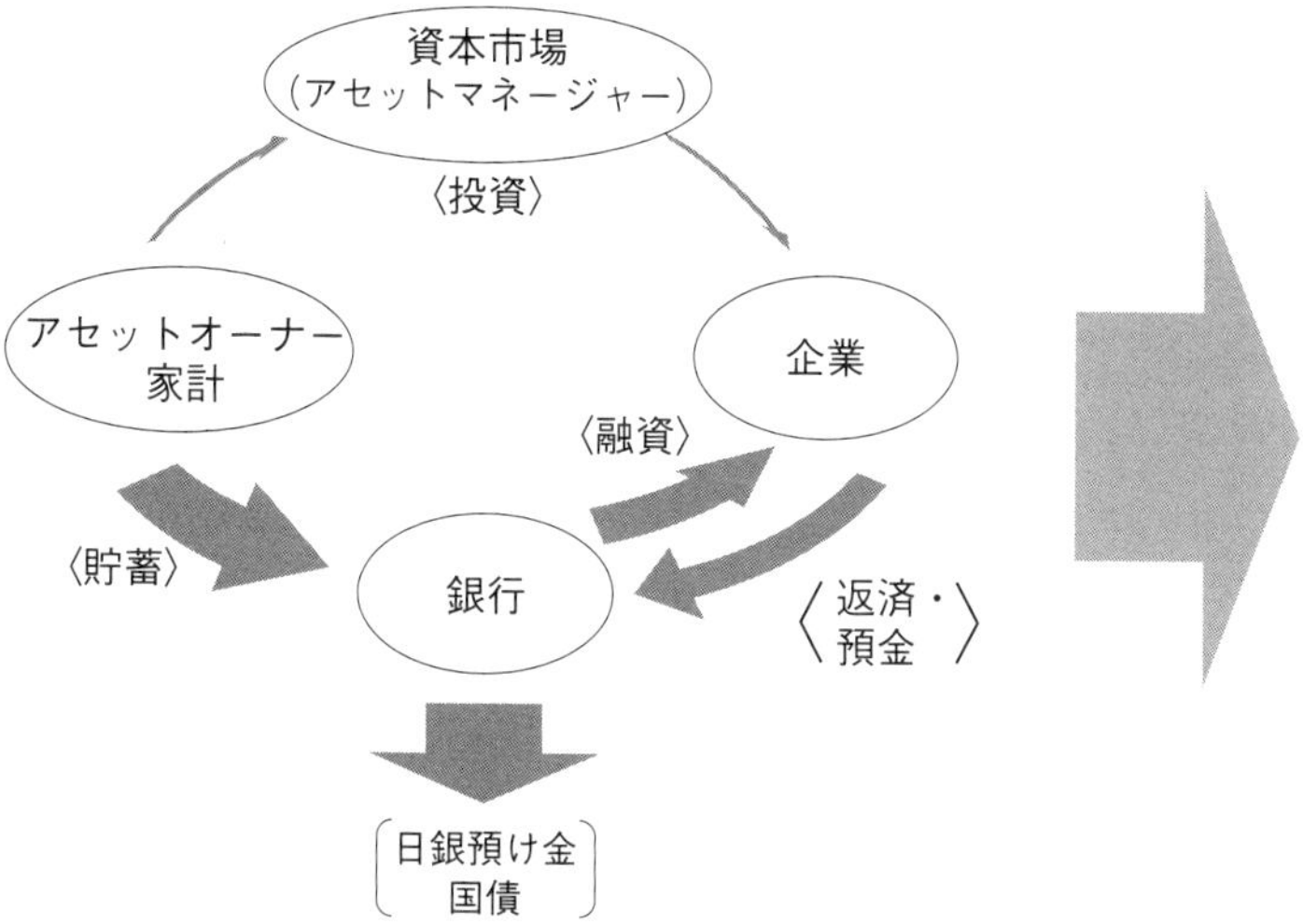

（出所）　金融庁資料

この図は、森本さんがフォーラムの基調講演で述べていた、今後の金融業界や金融機関のありかたを簡潔に示すものです。銀行に対しては、家計の資金がより良い選択を経て資本市場にて運用されるよう、顧客本位の業務運営を行い良質な商品・サービスの提供の担い手となることが求められています。

企業向けの融資においても、顧客の課題や将来の展開をともに考え、共通価値の創造に取り組むことが提起されています。国民の資産形成のサポートにおいても企業・経済の持続的成長への関わりにおいても、森本さんが強調されたように、金融機関の独自性発揮と「見える化」による切磋琢磨が期待されています。

変わりゆく金融業界をとりまく環境のなかで、金融機関とそこに働く役職員は、自らの考え方を変えて、どのように〝自分らしさ〟を出していきますか。

（坂本 忠弘）

これからのありかたを考えていくための問い

ＨＣアセットマネジメントでは、二〇一五年八月に「フィデューシャリー・デューティーなきところ、資産運用なしとの信念のもと、「専らに顧客のために」働くものとして、当社及び当社役職員がフィデューシャリー・デューティーを履行するため」に遵守する規範として、「フィデューシャリー宣言」を公表しています（二〇一七年三月に顧客本位原則を踏まえて改訂）。そのなかで、「規範の遵守に際しては、形式に堕することなく、フィデューシャリー・デューティーの理念に則り、「生ける規範」として実践します」と述べ、定期的に宣言の自己検証を行い、「遵守状況の振り返り」を公表しています。この宣言および遵守状況の振り返りにおける「顧客本位の徹底」で記されているように、次のような考え方が基軸となっています（参照：ＨＣアセットマネジメント・フィデューシャリー宣言に係るウェブサイト（http://www.fromhc.com/company/fiduciary/)）。

・顧客の利益の視点で、その需要が生まれてきた背景にまで遡って、目的に対する合理性のもと最適なサービスを提供します。
・お客様の目的に適う付加価値の提供を行い、よい成果を生み続ければ、その結果は、中長期の契約継続率、及び、既存のお客様からの預かり資産の追加等の増額率に表れると解しておりま す。

このような考え方のもと、同社においては、どのような管理指標（ＫＰＩ）を設定しているか、顧客との関係の視点から組み立て方を見てください。そして、経営の管理指標を、このようなかたちで公表することの意味について考えてみてください。

第2章 生活経営のよきパートナーとなるために

顧客本位とは何かを考えていくうえで、金融機関としても生活者の側に視点を移していくことが必要となります。右肩上がりの経済成長の時代ではなくなり、社会経済環境が変化するなかで、個人のこれからの生活経営はどのようにしていけばよいのでしょうか。金融機関は、お客様の生活経営のパートナーになれるのでしょうか。

第2章では、ファイナンシャルプランナー（FP）として、生活者の側に立って、一人ひとりの「マネートレーニング」のコーチをしている谷崎由美の活動を紹介します。

この章は、FD推進フォーラム大阪での谷崎の話をもとに、インタビュー等を付け加えて加筆したものです。

谷崎　由美（たにざき　ゆみ）ライフワークサポート 代表取締役

二〇〇一年ＡＦＰ資格取得、同年地元（石川県金沢市）新聞社で保険の相談窓口を担当、三年で六〇〇人超の相談を受けたが、無料相談やスポット相談では解決できないと気づき、二〇〇六年、年会費制のＦＰ相談（マネートレーニング）を開始。三〇代子育てファミリーを中心に担当世帯数一二五世帯（二〇一六年末現在）。顧客の会員継続率は九五％。

マネートレーニングと生活経営サポート

皆さん、こんにちは。ただいまご紹介にあずかりました谷崎由美と申します。私はいったい何者なのかと思われている方も多いと思います。自己紹介を交えてお話したいと思います。普段は一般の生活者の方々とお仕事をさせていただいております。私は勉強好きというよりも、どちらかというと研究好きなので、今日お話する内容は、自分が研究し実践してきたことの発表ということになります。そのようなものとして聞いていただければと思いますので、よろしくお願いいたします。

第1章は、金融機関側から顧客本位をどのようにとらえるかという話であったと思います。「貯蓄から投資へ」は二〇〇〇年頃から言われています。最近は資産形成という言葉に変わりましたが、顧客側といいますか、生活者のほうも、金融機関の皆さんと同じく、「老後不安」や「このままではいけない」と情報発信されても、どうしたらいいかわからないというのが実状です。金融機関や行政側は、どうしたら生活者は資産運用をしようと思うのかと考えがちだと感じます。私の場合は生活者の方々と生活経営の話をするなかで、この方たちはなぜ資産運用をしないのかが研究テーマになります。

なぜ生活者に資産運用がいいかたちで広まらないのか。資産運用を広めるために行政が施策や啓蒙で環境整備をしているのに、なぜ生活者は資産運用を家計に取り入れないのか。生活者は「このままじゃいけない、家計のことをもっと考えたほうがいい」と感じているようですが、なぜいまの時代にあった選択肢を考えないのかということを探っていきます。そして、ずっと探っていくと、最終的には「こうすればできる」という答えが見えてきます。これは、「マネートレーニング」を提供する私の仕事のベストプラクティスであり、顧客のほうにも生活のベストプラクティスとしてマネートレーニングに取り組んでもらうというスタイルでやっております。

一二五世帯にサービスを提供

私がいただいているマネートレーニングの年会費は、初年度料金が手取り所得の二％（現在三％）です。顧客数が一〇〇世帯を超えるまでは二％でしたが、いまは三％をいただいております。次年度以降はメンテナンスとして初年度の半額となっています。

顧客層は多い順に、①三〇代、②四〇代、③五〇代以上、④二〇代となります。ちなみに、五〇代以上の顧客は、①、②の方からご紹介いただいた親御さんがほとんどです。

顧客の業種や属性は、①会社員ファミリー、②公務員ファミリー、③独身女性、④自営業・会社経営者、世帯年収は、①五〇〇万円～七〇〇万円、②四〇〇万円～五〇〇万円、③七〇〇万円～一〇〇〇万円、④一〇〇〇万円超の順番となります。結婚されている方は、夫婦同席で受けていただくことが原則となります。

マネートレーニングでは、生活を経営するためにお金を通じて暮らし方を考えていただき、自分たちの経営計画であるライフプランを作成し、保険・ローン・貯蓄・税金・社会保険・資産運用の役割を知り、それら生活にまつわる幅広いツールを使いこなせるよう、家計のＰＤＣＡサイクルを年間を通して回していくことになります。

そのなかで、社会保障制度や企業保障での対応や保有する金融商品の状況を含む家計の全体像を見て、バランスが悪いことがわかり、資産運用が怖いと相談当初おっしゃっていたご夫婦がいまでは、お金の話をご夫婦でするようになり、時間管理をしながら、資産運用も積極的に学んで実践しておられます。

なお、先ほどマネートレーニングの料金形態をお話しましたが、自分の払う料金を自分で計算しようとすると、同時に年収と手取りの違いも勉強しなくてもわかるようになります。自然に身につく、これもトレーニングの一環です。

私はこの仕事を三〇代の頃からやっておりまして、開業当初は私と同世代の方が顧客になり、トレーニングしながら一緒に四〇代となっています。新たにマネートレーニングを始める方の九〇％は三〇代です。フォーラム登壇をお声かけいただいたのも、このように若い人たちが安くはない年会費を払って家計についていろいろ考え、資産運用を実践していることを評価いただいたのではないかと思っております。

現在、一二五世帯を担当しておりまして、その全員が資産運用に意欲的に取り組んでいます。皆さん最初は、預金と保険がいちばん安全で、「資産運用なんてとんでもない！」と思う、一般的によくいる方々ばかりでした。しかし、そのうちに皆さん資産運用に興味をもち、自分たちの資産形成をどうしたらいいのかということで、投資に取り組み始めるのに時間がかかる方はいらっしゃいますが、一世帯たりとも資産運用を生活経営に取り入れない世帯はありません。

ライフプランの実行状況を「決算」で検証

マネートレーニングは、図2－1のような家計のＰＤＣＡサイクルです。ライフプランをつくり、ローンや保険などの金融の役割を知ってもらい、金融商品を組み合わせていきます。預金や保険あるいは投資商品等は、料理にたとえるなら、塩や砂糖といった調味料です。塩が強めのほうがいいという人もいれば、甘みのある砂糖を使うほうがいいという人もいます。また、素材が何かにもよりますので、そのご家庭にあった組合せにして、どう塩梅をつけていくかを一緒に考えていきます。

そして、私の仕事のいちばんの肝といいますか、継続性が高い理由が、家計の決算をするということです。よく保険の相談などさまざまな場面で「ライフプランをつくりましょう」といわれて、つくったことがある方は多くなってきましたが、つくったライフプランを検証する人は非常に少ないのです。つくっただけでは絵に描いた餅になりやすいということは、おわかりかと思います。お客様にライフプランをつくらせても、商品を販売したら終わりということが多いと聞きますが、私の場合、面倒くさいことを仕事にする隙間商売ですから、これを決算と位置づけて、チェックしていく作業を

図2－1　マネートレーニングの仕組み（家計PDCA）

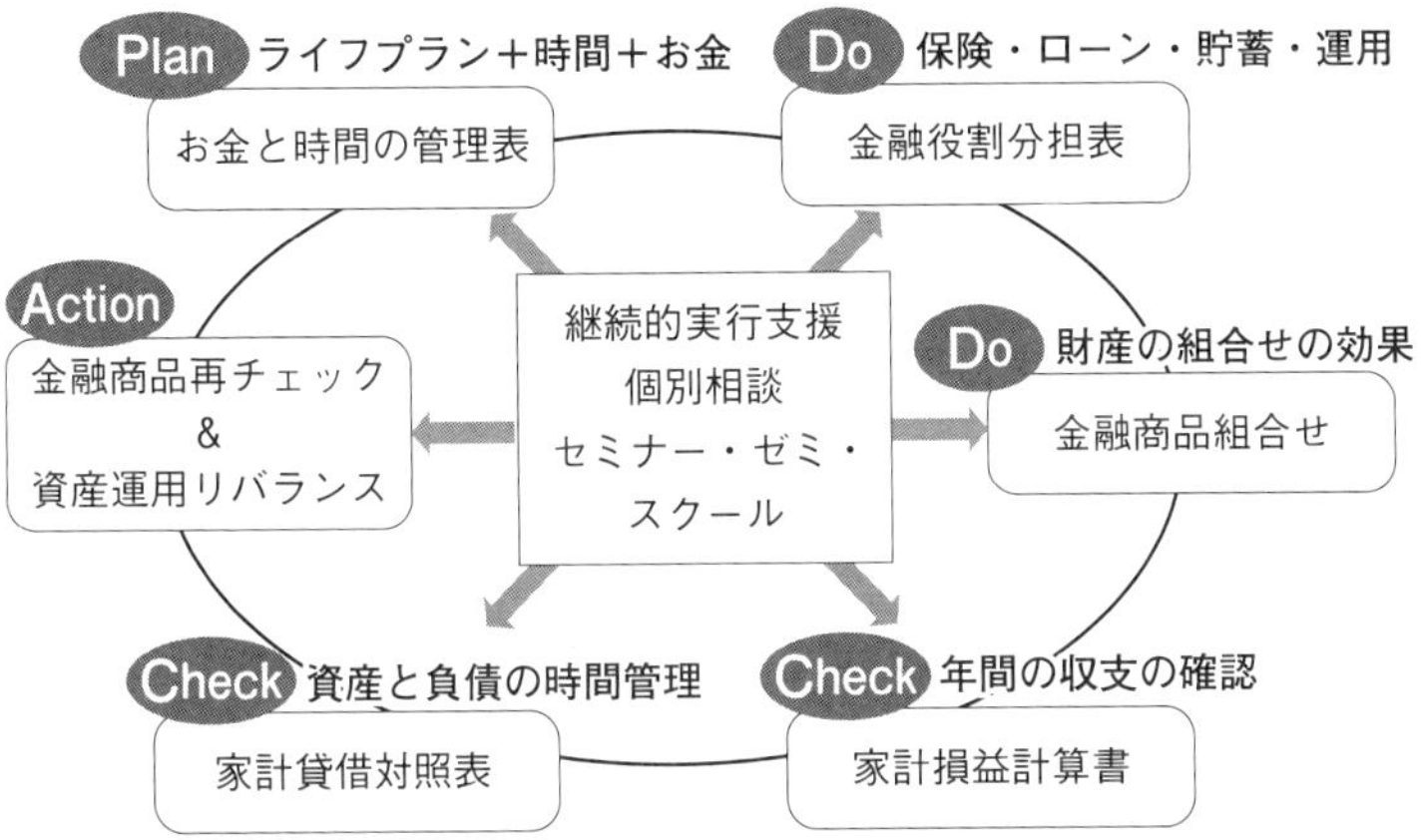

担っているわけです。

そのご家庭に必要だと思われる金融商品の活用についての専門家を招いたフォローアップセミナーなども行いながら、ライフプランの実行をリポートしています。そこから投資もおもしろいものだと知ってもらったり、知識の幅が広がって視点が変わったりすれば、当然やりかたも変わります。そこで、少し修正をかけて、再び家計のPDCAを回します。こうして一年間お客様と一緒にお金のことを考えることを「生活経営」、実践することを「マネートレーニング」と呼んで、サービスを提供しています。

マネートレーニングに取り組むお客様に必要な勉強会は、年齢や職業、環境、投資年数が違うお客様同士がマネートレーニングをプラットホームに「優良生活経営者」を目指して交流する場となり、皆さんお互いを尊重しながらいいおつきあいをされています。

ライフプランとは生活の「ありかた」

時代の変化に伴う生活者のニーズの変化は、大きく三段階に分かれます。まず一九八〇年代のバブルまでは、みんな何がほしかったかというと、やはり「もの」だったと思います。良い物、良い商品がほしかった。では、一九九〇年代から二〇〇八年のリーマンショック、二〇一一年の震災が起こるまでの時代には、皆さん何を求めていたと思いますか。物はありますので、やりかた、方法論、たとえば、腰痛を治す方法、節税の方法など、どちらかというとテクニカルな、この物を使ってどういうやりかたがいいのかという話が多かったと、ある人から教えられました。

これからはどうでしょうか。ないものを生活者は求めるわけですが、いま、ないものというと、何だと思いますか。なくなったものとか、なくなりそうなもの。なくなったけれども、ほしいなと思っているものとは、第1章での森本さんの話にも出てきた、信用・信頼・信認ではないでしょうか。私の息子は現在大学院に行っているのですが、一九九四年生まれです。ちょうどその頃は金融機関が破綻し、食品の問題などで、テレビで社長が頭を下げる場面が多かったので、社長というと謝っている人だと思っていたらしいです。これは信用・信頼・信認が失われてきた時代ということに通じるものではないかと思います。

これからの時代は、なくなりつつあるものなのか、なくしてしまったものなのかはわかりませんが、信用・信頼・信認されるということを心がけていけば、お客様との関係はすごく強いつながりとなっていくのではないかと思っています。これは、実際にお客様と関わっていて感じるところです。

私は、もともとは担当させていただくお宅が一〇〇世帯あればいいと思っていました。友だち一〇〇人を大事にしようということです。新しく広げるというよりは、とにかくいまの「友だち一〇〇人」を大事にしながら、深めていこうというスタンスで、マネートレーニングを私のビジネスとして取り組んでおります。その深めた結果として、お客様の基盤は広がっています。

時代の変化を深く研究すると、「ありかた」と「やりかた」と「時代背景」という三つのポイントがあることがわかります。高度経済成長時代は、時代背景だけでも成功できた。「ありかた」、つまり、皆が向かう方向性がはっきりしていた時代だったのではないかと思います。だから、「やりかた」に目が向き、「ありかた」をあまり考えなくても平気だった。しかし、いまのように経済が成熟して、個々人が向かう方向性の選択肢はさまざまあり、一概にはっきりしないということは、時代背景の点数が6からゼロになったというイメージです。ですから、やりかただけを一生懸命覚え、積み上げていっても、0×10＋0はゼロなわけです（図2－2）。

「やりかた」だけではゼロにしかならない。10の結果がほしければ、時代背景を元に戻すのは難しいことですから、やはり自分たちの「ありかた」を考えていかなければならない。これが、私が生活者にお話していることです。自分自身の「ありかた」を踏まえて、自分の進みたい方向を数値化したものがライフプランになっていくわけです。

図２－２　時代の変化

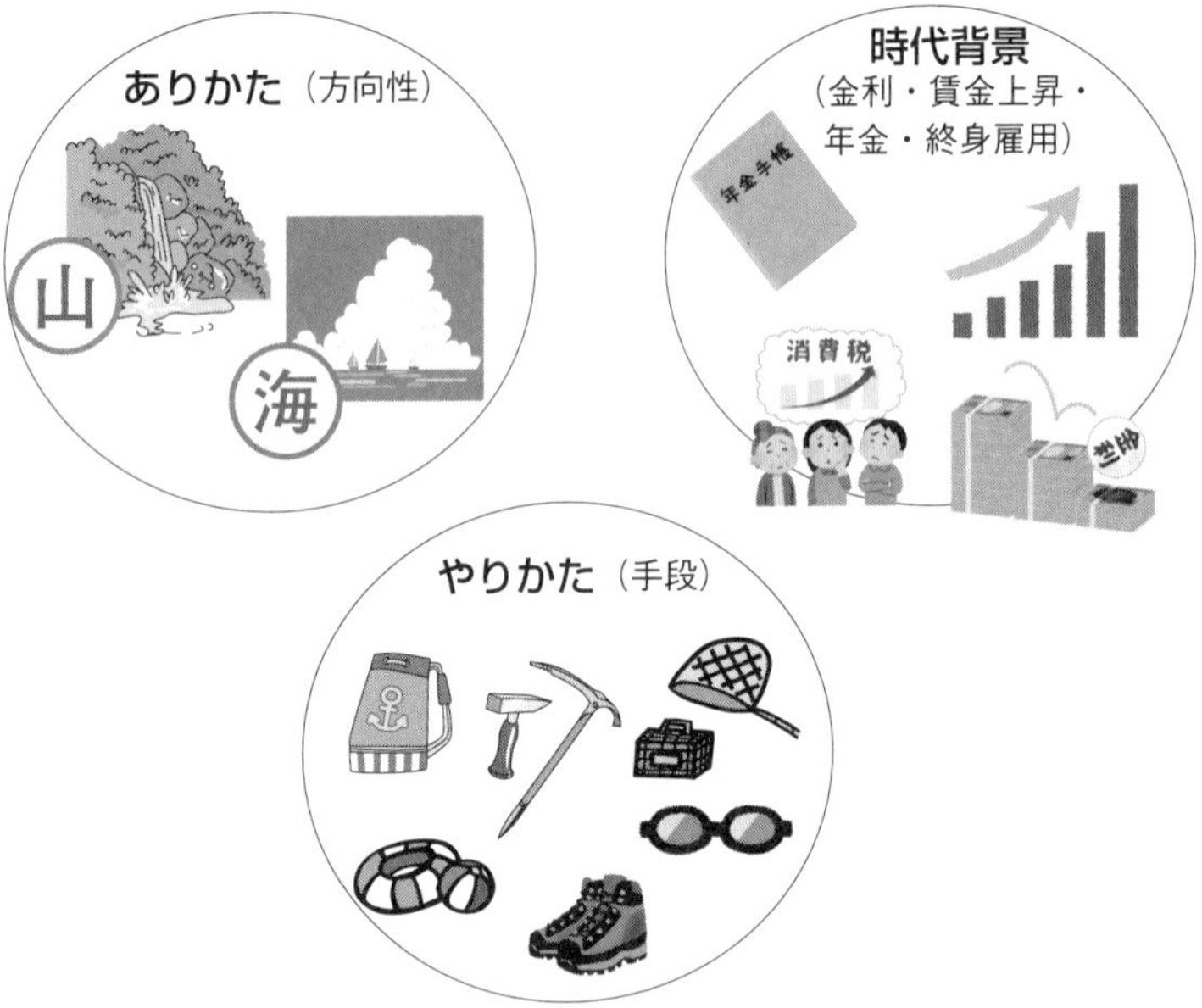

［高度経済成長時代］

結果 ＝ ありかた × やりかた ＋ 時代背景

結果	ありかた	やりかた	時代背景
10	1	4	6

［経済が成熟した現在］

結果 ＝ ありかた × やりかた ＋ 時代背景

結果	ありかた	やりかた	時代背景
0	0	10	0

「やりかた」より「ありかた」

私の研究と実践の例として、よく「どの商品がいいですか」と聞かれることについて、お話します。どの商品がいいかといって、あれがいい、これがいい、これは安いからダメ、これは高いからどうのというのは「やりかた」です。そういうことではなく、どの商品がいいかというときに、私は必ずこの横断歩道の図でお客様に解説しています（図2－3）。

皆さんがピザを食べたいとしましょう。ピザを食べたいという目的は決まっているわけです。では、ピザを手に入れるためにどの方法をとりますか。この図のように、横断歩道で行く、陸橋で行く、そのまま突っ切って行く、あるいは持って来てもらう。方法というのはいろいろあります。そして、どの方法が正しいと思いますか。どれも正しいですね。間違いはありますか。ありませんね。

商品選択というのは「方法」です。自分のその時の状況に照らしていいと思っていることはあるかもしれませんが、絶対的な正解ではないわけです。たとえば、普段は「道路を突っ切って行きます」という人でも、ある時は自分の子どもを連れていたら、横断歩道を行くかもしれません。ですから、その時の状況と環境によって判断が変わるわけです。「どの商品がいいですか」と聞いてくるお客様には、この話をして、あなたは方法の選択肢を聞いているのであって、何が良いか悪いかは、自分がどの場所にいて、どこに行きたいかということがわからなければ答えることができないとお伝えしています。

図2－3　どの商品がいいですか

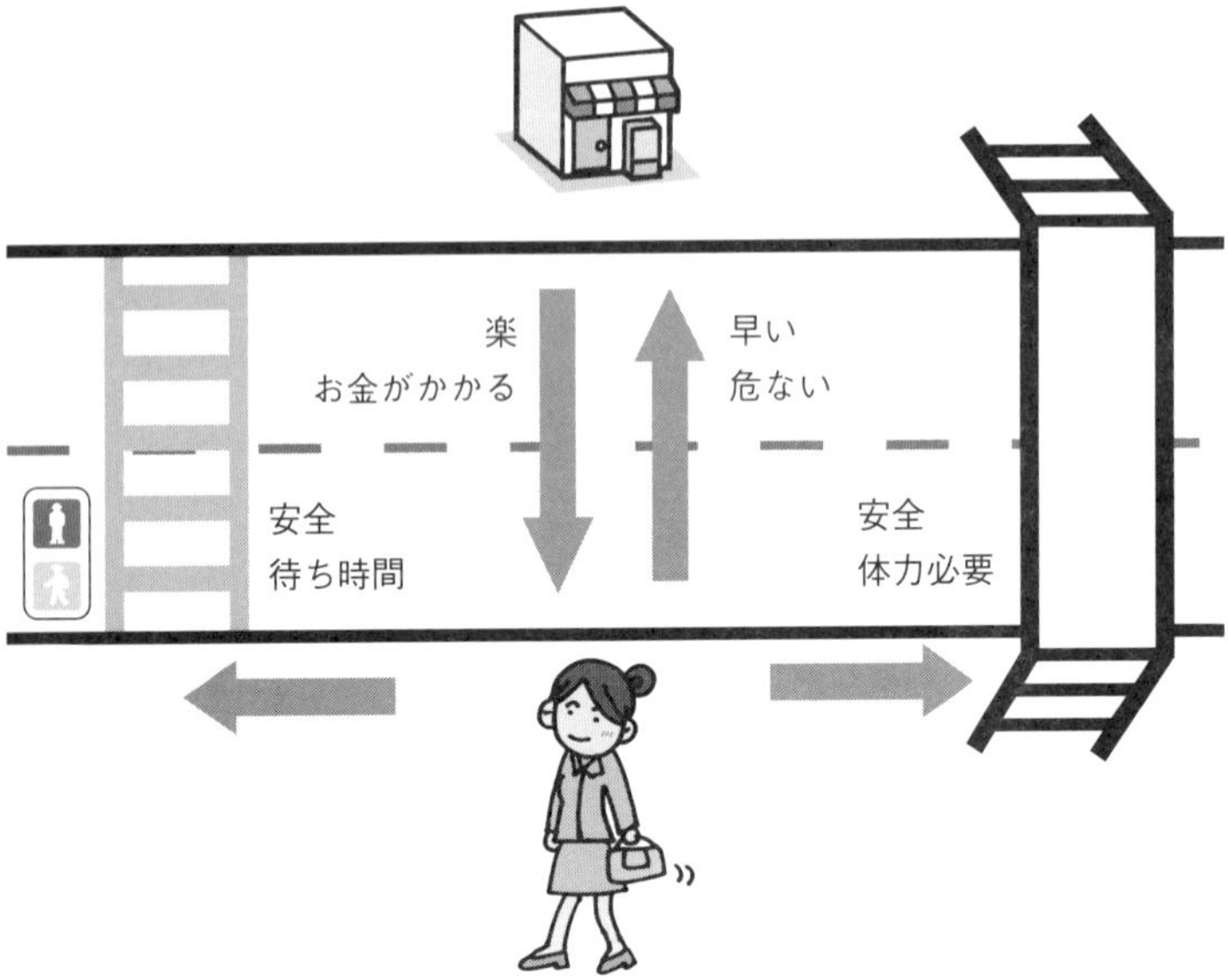

この図の女性が仮に陸橋のほうに位置していて、ピザ屋さんも陸橋のほうにあれば選択肢は変わります。たとえて言えば、このピザ屋さんが世の中の環境です。法律が変わったとか、景気が変わったとか、自分ではどうしようもないことで世の中の環境は変わるわけです。そして、自分も結婚したとか、就職したとか、家を建てたとかというように状況が変わります。陸橋のほうに移動していき、自分の立ち位置が変わり、環境も変わると、選ぶ手段も変わります。その時に考えて選んだものはそれで正解だったかもしれませんが、自分のいまの状態が以前より移動していたとしたら、商品がいまの自分のほしいものと一致している

かどうかわかりません。そういう話を先にして、そこで自分の立ち位置を測るライフプランづくりをしていきましょうとお話しします。

選択肢に良い悪いはなく、メリット・デメリットがあります。たとえば、ピザを持って来てもらえば楽だけれどもお金がかかると思っている。でも実は、持って来てもらっても自分が取りに行っても料金は同じだと言われるかもしれません。これが「情報」です。普通は「取りに行く」というほうが安いと思っているから、「持って来てもらう」を選ばない、自分の頭のなかでの「普通は○○」という前提があるわけです。ですから、それ以外の情報を知れば、より良い選択ができます。

しかし、昨今は情報過多の時代、生活者は情報があり過ぎて何を選んでいいかわからないという人がほとんど。だからこそ、「やりかた」ではなく「ありかた」を考えるライフプランが重要なのです。

家計管理は家計簿よりも貯金箱

もう少し、具体的にお話ししましょう。金融機関の方々はプロですから、保険の世界で「貯蓄は△、保険は□」という話をよく聞かれると思います。これは、お金と時間をあわせて考えることに意味があります。金額が大きく、いつ起こるかわからない事象に備えるためには、保険という金融商品を活用します。例をあげると、私が誰かにけがをさせて賠償しないといけないとか、元気で働くつもりが働けなくなり、生涯所得が減るなどの場合です。同じく金額は高いですが、老後資金や教育資金は、それが必要になるタイミングが読めます。三歳の子どもさんが突然明日大学に行くとはいいません。

図2－4　商品の良し悪しより配置

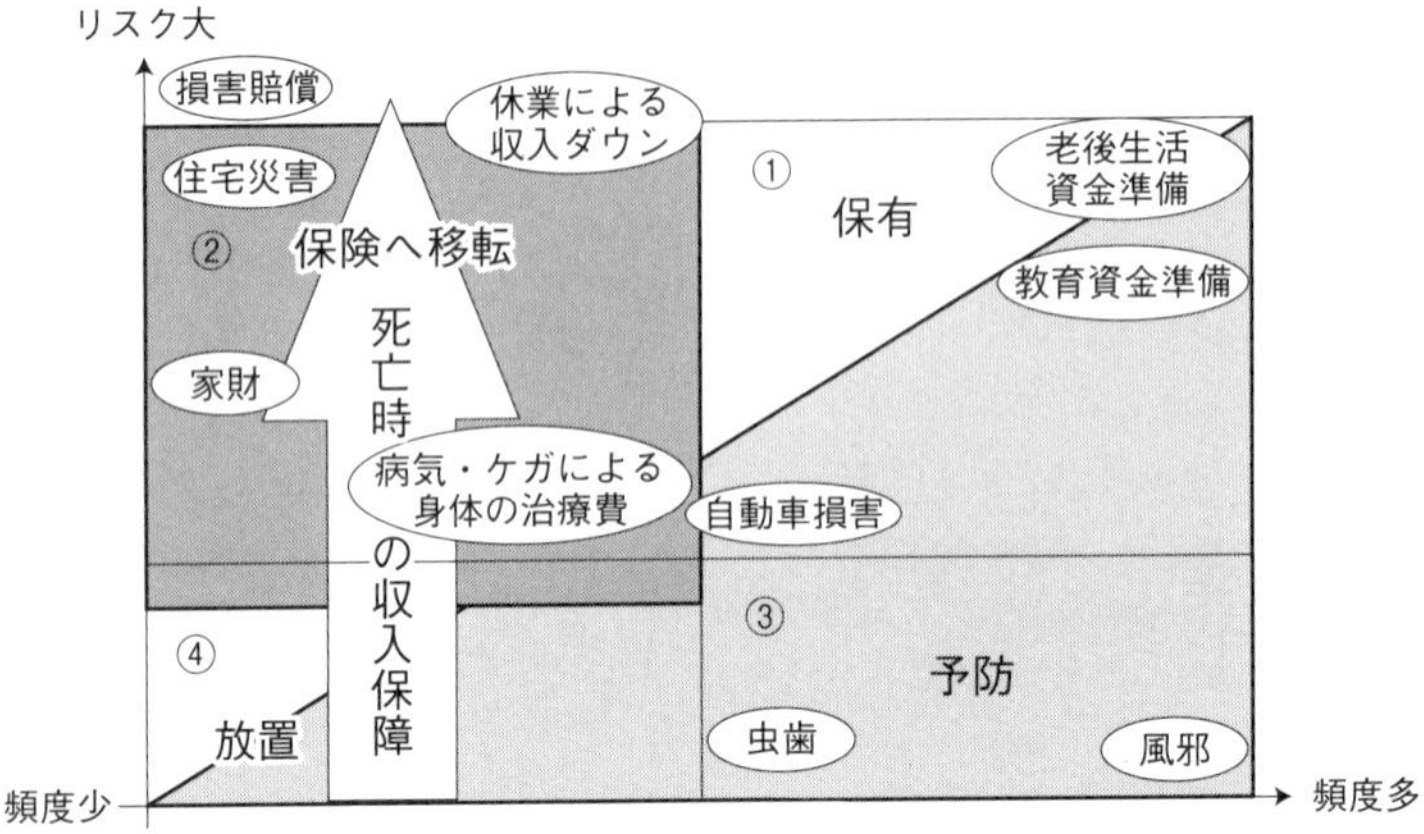

ですから、金額が高くて時間のわかるものは資産形成でお金をつくっていくということになります。

図2－4のように、保険を活用するもの、お金で保有するもの、それから予防すればいいもの、放っておいていいものというかたちでリスクを配置します。個々の方法論の前に、リスクの配置、リスクへの対応の状況を見ながら、自分たちはどういう準備をしているかということをお話しします。商品が良い悪いから入るのではないのです。

マネートレーニングに取り組む方は、自分の人生設計とお金の配置やリスクへの対応の現状があっているかどうかを見てほしいということで、私のところに来られることがままあります。それは、ライフプランを作成したらわかるようになります。ちょっと気づきを与えて、自分の資産を調べてみようとか、自分の環境が変わっているのかどうかとか、前回商品を選んだ時

図２－５　家計管理は家計簿より貯金箱

使う → まな板
生活費として
手元に置いておくお金

貯める → 冷蔵庫
数年以内に使う
目的があるお金

増やす → 冷凍庫
当面は使わない
未来の社会や自分に向けて育てるお金

	資　産			負　債
短期	現金 預・貯金	流動性	まな板	クレジット 自動車ローン
中期	財形 債券	安全性	冷蔵庫	教育ローン
長期	株式	収益性	冷凍庫	
超長期	不動産	収益性	缶詰	住宅ローン
	□運用増減確認			□金利見直し

の根拠はどうだったのかということを考えていきます。

そのようにして家計簿をつくりますが、私の考える家計管理は家計簿よりも貯金箱です。私自身、家計簿をつけるのが好きではないということもありますが、家計簿よりも貯金箱の推移と配置、つまり負債と資産の把握をする貸借対照表をつくっていきます（図２－５）。

マネートレーニング初期は家計簿を毎日つけるというよりは、毎月、貸借対照表をつくってもらいます。ライフプランを作成しながら貸借対照表をつくるのに慣れてくると、お金の管理は時間管理だと把握できるようになります。リスクの配置の次は、貯金箱の配置を考えます。生活費として手元に置いてあるお金、これはまな板の上にあるお金です。貯めるお金は冷蔵庫にあるお金です。チルドルームなどに入れます。あと、増やしていくお金は冷凍庫にあります。人から高級なお肉をもらったとき、すぐに食べるのであればまな板の上に置きますが、明日食べるとなると冷蔵庫、一週間後にみんなが集まるからその時に食べましょうということになると冷凍庫を使うのと同じです。

資産運用の良し悪しを語る前に、自分のお金の配置が食べるタイミングとあっているかどうか、全部まな板の上に置いて腐らせるようなことになっていないかということを自分のこととして考える。これが生活経営です。

ちなみに、家計簿より貯金箱、損益計算書より貸借対照表をつくるということが、ご主人には非常に楽しいようです。男性は、計画が絵に描いた餅になりやすいということを日常的にわかっている人が多いので、家計簿管理はやる気がしないようですが、この貯金箱の貸借対照表をつくるというのは、お金の使い方や配置の仕方、時間管理をしながら戦略を練るにはすごく効果的です。

この貸借対照表で考えていくと、ほとんどのお宅は住宅ローンで二％の金利を払っているのに、ほぼゼロ金利の預金にお金が入っています。そうすると、配置のバランスが悪いということがわかります。それをみれば、こちらからいわなくても、特に男性の方はちゃんとバランスがとれるように戦略を練ろうと考えられます。

自分たちのライフイベントにあわせたお金の使い方をトレーニングしながら、保険も投資も一緒に

図２－６　生活経営サポートの基本スタンス

- 手をかけるより目をかける
  ⇒ あれこれ手を出さずに見守る
- 広げるよりも深める
  ⇒ 一人ひとり深めることをしたら、質よく広がるのが早い
- 説得より納得
  ⇒ 説得して動かすのではなく、納得して自ら動いてもらう
- 損得より損益
  ⇒ 目先の損得ではなく、生涯の損益で考える
- 期待するより理解する
  ⇒ 人や周りに期待せず理解するよう心がける
- 販売より購買
  ⇒ 誰の得になる話をしているのか見極める（損得ではない）
- 顧客満足より顧客本位
  ⇒ 顧客本位を優先させたら、数年後には顧客満足となる
- 実験→実践→実益
  ⇒ 薄くても繰り返し・積み重ねたら強くなる
- やりかたよりありかた（外的要因より内的要因）
  ⇒ 何がいいかより、どこに行きたいか

考えます。どちらか一方のみではなく、ライフプランとして一緒に考えます。それから、貯められる時期、使う時期、いまが自分にとって資産形成の時期なのか、資産活用の時期なのか、確認してもらいます。セカンドライフ世代の方の生活に適している商品を若い世代の人たちが買うと、ライフプランにあわないことがあるかもしれません。逆もしかりで、資産形成世代の方にあう金融商品が資産活用世代の方にあわないこともあるでしょう。目的が資産形成なのか資産活用なのかということで、その金融商品が自分たちにあっているかどうかを、ここで発見して

もらうわけです。

私は普段、このように業務をしています。図2―6は、私の生活経営サポートの基本スタンスですが、私の失敗談の集まりです。プロフィールにもあるとおり、会員継続率は九五％で現在一二五世帯を担当していますが、それは五％の私から離れた人がいるということです。この五％の原因を追究していくことで、徐々に顧客のために自分の実践するべき業務のスタンスが見えてきました。「手をかけるより目をかける」「広げるより深める」「説得より納得」「損得より損益」「期待するより理解する」「販売より購買」「顧客満足より顧客本位」「実験から実践へそして実益になる」「やりかたよりありかた」―私がいつも自分の振り返りのために見ているものです。

〈インタビュー〉新たなビジネスモデルづくりへの研究と実践

◆「ライフプランづくりのお手伝い」は仕事として成り立たない？

――ファイナンシャルプランナー（ＦＰ）になったきっかけを教えてください。

自動車販売会社で営業の仕事をしていましたが、結婚して長男を出産するときに退職し、いったん専業主婦になりました。その後、再び就職したいと思ったのですが、当時（二〇〇一年頃）は就職難だったので、面接に有利なように何か資格をとろうと考えました。自動車販売の営業の時代に「お金と食べ物と健康の知識があれば、誰とでも話せる」と教えられていたのですが、そのなかで面接に有利な知識といったらお金のことかなと考え、FP資格取得を思い立ちました。また、当時FPはそれほど有名な資格でもなかったので、かえって気を引きやすいのではないかという安易な考えもありました。

FP資格をとって就職先を探している間、地元の新聞社の企画で、読者から保険の相談を受けました。三年間で約六〇〇人の相談を受けましたが、保険見直し希望の生活者の方々からは「何がお薦めですか」と聞かれることが多く、生活者は自分で選ぶという習慣がなく、手段的な話ばかりになっていました。私が当時、生活者の方々からお話を聞く限りでは、「ほしいものがわからない」から「お薦めを聞き、アドバイスどおりに選択し、思ったようにならないから不満に思っている」のが実情でした。

なぜ、そうなるかを考えていくと、購入時に「説得」されていて、「納得」されていないのだなとわかりました。これは金融商品に限らず、住宅、洋服、自動車等いろいろな商品の購入場面であると思いますが、金融商品というのはモノのようでモノではない、不思議なものなので、その傾向がより強くなるのだと思いました。私自身、「保険」「資産運用」「社会保障」「ローン」と勉強すればするほど、「損得」や「やりかた」の選択に自分自身がはまっていくので、「自分は何がしたいのか」という「ありかた」を見つめるライフプランから、「やりかた」を見つけていく方法のほうが、生活者も納得し、「自己責任」がとれるようになると思いました。

私の念頭にあったサービスを一言でいうと「ライフプランづくりのお手伝い」ということになります。ところが、私の周囲にいたＦＰの人たちは皆「それを商売にできれば理想的だが、実際には難しい」というのです。お客様はライフプランをつくるために一度は相談料を払うかもしれないけれど、それで終わりなので、新規のお客様を探し続けなければならず、継続的なビジネスとしては成り立たないということでした。しかし、他人から無理だといわれると、逆に闘志がわくというか、本当に無理なのかどうか試したくなり、みんなのいうとおりだったらいつでもやめたらいいと思う気持ちで始めました。

◆年会費制で「生活経営」のサポートを開始

――実際にやってみて、どうでしたか。

私自身、自分が提供するようなサービスがあれば、相談料を払いたいと考えていたので、潜在的な顧客はいるはずだと思っていました。では、それを継続的なビジネスにするにはどのような工夫をすればいいか。

当時、有料で相談業務を行っているＦＰはいたのですが、彼らはライフプラン作成でいくら、保険の見直し一回でいくらというかたちで、スポットの料金システムがほとんどでした。しかし、お客様と一回会っただけではその人のことがよくわかりません。また、時間単位の料金システムでは、お客様は時間を無駄にしないよう一生懸命に質問を考えてきて、こちらは時間内にできる限りの数の回答をするというかたちになります。それでは雑談ができません。無駄な時間の会話のなかから、その人の考え方がわかるということもあります。解決法や知識の提供であればそれでいいのかもしれませんが、皆がそれを求めているのなら、そうしたサービスがもっと増えているはずなので、そのやりかたはないなと思いました。

そこで、スポットの料金システムではなく、回数制限なしで年会費をいただくことにしました。また、サービスの考え方も「アドバイス」ではなく、「マネートレーニング」ということで、お客様の「生活経営」を支援するというコンセプトにしました。当時は深く考えませんでしたが、多くのお客様がFPはどのような金融商品を買えばいいかを教えてくれる人だと思っているし、自分の仕事をそのように考えているFPも多いと思います。しかし、お客様が自分の現状を理解できていて、どのような種類の金融商品がほしいのかが明確になっている場合は、私のような存在は必要ではなく、無料相談で金融商品を選択するのが最善だと思います。

私のサービスは、アドバイスすることではなく、生活者自身が「自分たちはどのような暮らしをしたいのか、そのためにどのような選択が最適なのか」を考え、発見、想像、創造するのを支援することです。自分にとって何が必要なのかがわかれば、無駄な情報に振り回されて時間を使うこともなく、必要な情報を自ら進んで手に入れ、自分のことを理解してくれるアドバイザーを見つけることもできるようになるでしょう。それができるようになるための「トレーニング」ということです。

三年間で一〇〇世帯と契約することを目標にして、最初はいつやめるかわかりませんから、知り合いにしか声をかけませんでしたが、顧客からの紹介が止まらず、一年目に三六世帯と契約することになりました。その方たちに満足してもらい、契約を継続するとともに、さらに新しいお客様を紹介してもらうことで顧客基盤を広げ、四年目には一〇〇世帯を超えました。先にお話したとおり、継続率は九五%で、現在一二五世帯にお客様になっていただいています。

営業というのは、要らないものを説得して人に売りつける技術ではなく、お客様が不便に感じていることをお聞きし、誰がそれを解決できるのかをお伝えすることだと思っています。だから、私は営業が好きだし、話を聞かせてもらうのが得意だと思っていますが、一人で営業するのは限界がありますから、お客様に満足してもらい、私にかわり営業していただくのが一番だと思いました。

私は既存のお客様向けのセミナーを行っていますが、新規顧客を集めるためのセミナーは開きません。新しいお客様を探し求めることに時間を使うよりも、既存のお客様がトレーニングを積むことで視点が変わり、お金の知識や知恵を通じて全体的な生活の質を高めていけるように努力しています。そして、既存のお客様が「トレーニングを受けて良かった」と感じて、新しいお客様を自然に紹介してくれるようになりました。

お客様は自分がいいと思ったことを好きな人に勧めますが、嫌いな人に勧めることはありません。このため、お客様から紹介されて来る人は、紹介した人と似たような人になり、自然と私のサービスをいいと思ってくれる確率が高まります。もう一つ、成功確率を高めるために、最初にお客様と面談するときには夫婦同席を条件としています。ライフプランづくりは生活経営の計画書づくりです。仲のいい夫婦(経営者)でなければ実現可能なライフプランをつくることはできませんし、いったんつくったとしても、同じ方向を向いて計画を実行することは難しいからです。

◆一〇〇歳までの「生活経営」計画と老後の資産形成の促進

――顧客層は年齢三〇代から四〇代、年収四〇〇万円から七〇〇万円の会社員・公務員が過半を占めているということですが、そういう人たちにとって、初年度、手取り所得の二%（現在三%）、次年度以降、手取り所得の一%（現在一・五%）という年会費は決して安くはないと思われます。顧客は谷崎さんのサービスのどのようなところに魅力を感じているのでしょうか。

年会費の計算上は五〇〇万円を最低ラインとしているので、手取り所得五〇〇万円未満の方でも初年度は一〇万円（現在一五万円）をお支払いいただくことになります。マネートレーニングの期間は五年間をメドとしています。お客様との面談回数は通常、初年度は月一回、次年度以降は平均年二〜三回程度です。私は都合がつけば毎日でも毎月でもかまわないのですが、お客様にとっても時間は大事です。漫然と会っているより、一回のメンテナンスで目的を達成できたほうがいいわけです。

具体的には、まずライフプランをつくります。ライフプランとは、自分のほしいモノやコトが何かを考えて、お金に換算していく作業です。たとえば、何年後かに「家がほしい」と思っている人がいたら、「場所はどこがいいですか」「それはなぜですか」と突っ込んで聞いて、「ではこれくらいかかりそうですね」と金額で示せるようにします。あるいは、「五年に一度くらいは海外に旅行したい」「毎年ディズニーランドへ行きたい」という人には、「どのようなランクのホテルに泊まりたいのですか」「それはなぜですか」と細かく聞いていきます。その人の価値観を知るためには、細かく聞くことが大事です。これに対して、いまの職場で何歳まで働いて給料はこれくらい、年金はいくらもらえるといった収入面も予想して、その人が一〇〇歳になるまでの毎年のキャッシュフローの予定表をつくっていきます。

実現可能なライフプランをつくるまでには、この作業を繰り返し、だいたい三カ月〜四カ月はかかります。その結果、支出が四億円で、収入が三億円だとすると、足りない一億円をどうにかしなければなりません。支出を減らすか、収入を増やすか、三億円使ったところで死ぬか。寿命と死に方をコントロールすることは難しいですから、自分が求める人生の理想と現実のギャップをどう埋めるかを、いまから考えておかなければなりません。

たとえば、収入面を考えると教育費に五〇〇万円しかかけられないのに、子どもは八〇〇万円かかる大学に行きたいと言っているとします。その場合は、差額の三〇〇万円について子どもに奨学金を利用してもらうことになるかもしれないが、それでもその大学に行きたいかと話し合ってみる。子どもがそれでは行かないというのであれば、初めから行かなくていい大学かもしれません。必要のない大学に行かせて自分たちの老後の資金がなくなると、後々、子どもに迷惑をかけることになるかもしれません。「どうしましょうか」と顧客に考えさせる時間を大事にしています。

あるいは、教育費や老後の支出の時期を後ろにずらすことはできませんが、家を買うかどうかは選択できますから、気持ちとしては持ち家がほしくても、いまは住宅取得をあきらめたほうがいいかもしれません。三五年の住宅ローンを組んでも、子ども部屋が必要なのは子どもが一〇歳前後からで、もし子どもが県外の大学に行くようになったら、一緒に住んでいる期間は一〇年間もありません。そうであれば、家を買うよりも教育費にお金をかけたほうがいいという選択もありえます。その場合は、家を購入したプランと賃貸プランの両方を作成して考えてもらいます。

数字を出すことで、「家賃が本当にもったいないのか。自分たちはHOME（家庭）を求めているのに、HOUSE（家という箱）を買おうとしていないだろうか」ということも確認してもらいます。HOUSEを買ってHOMEがなくなるということは、住宅の購入にあたり避けたいポイントです。もちろん、住宅を買うことがHOMEを持つことにつながると顧客が納得できれば、全力で応援します。

多くの人は、最低限、自分が親からしてもらったのと同じことを自分の子どもにもしてあげたいという思いでライフプランをつくるものです。しかし、親の時代には右肩上がりの収入、退職金と年金、高金利がありました。いまの現役世代は、こうした親の世代にはあった時代背景のサポートを期待できない環境にあるという話をすると、住宅のこと、教育のこと、老後の時間とバランスを考えた結果、資産形成の必要性も理解できるようになります。

次に、こうしてライフプランができたら、そのとおりに収支が推移しているかどうかを毎年の決算で確認していきます。ライフプランは「いっていること」にすぎず、鵜呑みにしてアドバイスはできません。大事なのは決算の「やっていること」もそろえることです。私のほうから一年の終わりに、契約更新のお知らせと決算書のひな型をお送りします。きちんと家計簿をつくれない人もいますが、問題ありません。私としては毎月の預貯金残高がどのように推移して、一年の終わりに計画どおりの残高になっているかどうかを確認できれば十分です。ただ、残高が計画に満たない場合、その原因は何なのかを知るためには家計簿が必要になりますが、家計のＰＤＣＡを繰り返すと、私がいわなくても顧客が自発的に家計簿をつくってくるようになります。

家計簿は過去のことなので、家計簿をつけること自体に意味はありません。未来に活かすために家計簿が必要になるわけです。ライフプランは未来の家計簿です。私はこうしたライフプランづくりと、毎年の検証作業のことを「生活経営」と呼んでいます。お客様たちは生活経営ができるようになることによって、自分たちの生活にあった「やりくり」で私に払った年会費の元はとれると思っているのだと思います。

よく金融商品の相談窓口で勧められて何回もライフプランをつくったという方がいらっしゃいますが、「そのとおりになっていますか」と質問すると、「最初につくってもらっただけで、その後の検証なんてしていない」という方がほとんどですので、検証が大切だということが継続の理由だと思います。販売のためにライフプランを使えば、販売会社は金融商品が売れることで満足するので、その後のフォローがなく、「絵に描いた餅」になることが多いようです。

◆自分自身の人生と向き合うことをサポートする

私の経験からいうと、生活者側にも問題があります。「どんな金融商品が良いのか」「みんなはどうしているのか」「それは得なのか」と聞いてきますが、わが家の現状や課題を把握したり、伝えたりすることができない方が多いのです。そこをサポートするのが私の仕事であり、そのサポートによって生活者がより具体的に自らのニーズを販売側に伝えることができるようになります。

それはつまり、生活者自身がライフプランをつくれるようになることですが、そうするとそのプランをもとに自分に合った商品選びができるので、わが家にとって最大の利益を得ることができます。販売側も顧客のための購買代理としてサポートすることによって、クレームのリスクを背負うことなく、顧客のニーズを満たして、その信頼を得られることは間違いないでしょう。

ライフプランをつくることで「一般的な」「だれか」の人生ではない、自分の注文したい人生がわかる。その結果、夫婦が力をあわせて生活経営をできるようになると、子どもたちにも教えてあげられるようになります。勉強は先生に教えてもらえばいいと思いますが、お金の使い方を教える場は家庭にしかありません。

私の子どもが大学に入ってアルバイトを始めた時、アルバイト代が月五万円だったので、毎月の給料日に電話をして二万円分は積立投資をさせました。年二四万円を積み立てれば、四年で九六万円、積立投資の時価によっては大学を卒業する時に奨学金の一部を返済できるかもしれません。それがわかると、二年目からは私がいわなくても積立投資をするようになりました。そんなことをしたのは、私が三年で六〇〇人の保険の相談を受けた時のお客様数名から、子どもが大学生になって金遣いが荒くなったという悩みを聞いていたからです。

中学校や高校までは月五〇〇〇円くらいのお小遣いしか持っていないので、子どものお金の使い方はまともです。高卒で働いている人も、すぐ働き出して遊ぶ暇がないから、意外とちゃんとお金を貯めています。ところが、大学生はアルバイトをすると万円単位のお金が入ってくるものだから、金遣いが荒くなるわけです。それは社会人になっても後を引きます。その話を聞いた時に、わが家の子どもたちには、五〇〇〇円のお小遣い時代から大学生になっても、三万円のアルバイト代でも十分と思えるうちに積立投資で自分の未来のお金を積み立てさせようと考えました。それを顧客にもお伝えし、教育費のありかたを考えていただいています。

——ライフプランづくりのなかで、投資信託や株式に投資する行動はどのように生まれてくるのでしょうか。

投資は、短期的な収支が整うことが前提です。十分なストックもなく、足元で支出が収入を上回っているのに株式投資をしていたら、それがいくら儲かっていても、「あなたの家が投資をしているのはおかしい」といわなければいけません。老後の資産形成に回せるお金を預貯金で置いていてもいいのですが、当面、使う必要のないお金ですから、リスクをとってリターンの見込める金融商品を購入することも選択肢の一つになります。

また、貯蓄と保険はいずれも、世帯主が事故や病気で働けなくなり、収入が途絶えた時に家族の生活を防衛する機能があります。年々、子どもが大きくなれば、貯蓄は増え、適正な保険金額は下がっていくはずですから、加入する保険を見直し、保険料を節約することができるはずです。ライフプランを作成しながら実践していくうちに通信費や水道光熱費や保険の見直しでできたお金は、もともとしていた貯金とは別のお金になります。このお金は生活の質を落として捻出したお金ではありませんから、心理的にリスクをとりやすいということがいえます。いままでの貯蓄は確保しつつ、これまではどこかに払っていて手元に「なかったはずのお金」だから、「増えたらラッキー」というくらいの気持ちで投資ができます。

◆家族での生活経営の実践に向けて

――マネートレーニングをするときには夫婦同席を求めるということですが、夫婦を同じ方向に向かわせるための工夫はありますか。

夫婦で来てもらう理由としては、生活経営の社長、副社長としての情報共有ということがあります。男性と女性で関心のあることが違うので、二人で話し合ったことをそのうちの一人から聞いても、完全な意思疎通を図ることができません。また、夫婦それぞれ自分が親からしてもらったことをすることが正しい、もしくは反面教師で自分の親のようにはなりたくないと思い込んでいる方が多く、子どもの教育や持ち家に対する考え方が衝突しがちなのですが、私が間に入ることで、きちんとした話合いができるようになることもあります。「これは生活経営ですから、家としてどう考えるかです。個々人の問題ではありません」というと、だいたいご主人のほうはわかってくれます。

多くの男性は家計簿をつけるなんて奥様の仕事だと思っているのですが、私が「これからやろうとしていることは生活経営です」と「生活経営」をキーワードにお話すると、男性もやる気になってくれることが多いです。収入の多い世帯は生活水準も高いので、残っているお金は収入の低い世帯とたいして違いありません。それでは後々、困ることになります。会社でも経営計画をつくって、それに基づいて施策を打ち、決算で検証していくでしょう。それを事務員に任せきりにする経営者はいませんよねというと、「それもそうだな」と納得してくれます。

ご主人をやる気にさせる究極の話があります。ライフプランをつくっていって、たとえば、六〇歳までに五〇〇〇万円の資産があればいいことがわかったとします。その場合、もし五五歳までに五〇〇〇万円の貯金をつくれれば、仕事を辞めてもいいし、これ以降のお給料をすべてお小遣いにしてもいいですよというのです（笑）。世の男性は嫌でも会社を辞められないと思うから会社を辞めたくなるのであって、嫌だったらいつでも会社を辞めていいといわれると、意外と自ら進んで仕事をしようとするものです。

あるいは、ご主人のほうはいつか会社を辞めて独立したいと思っているかもしれません。その場合、三年間は収入がないことを覚悟しなければならないとすると、会社を辞める時までに生活費三年分の資産を確保してほしいといいます。年間の生活費が四〇〇万円だとすれば、一二〇〇万円の退職金が出る時期まで会社勤めを続けるということです。

もう一つ、先にお話したとおり、私の提唱する家計管理の特徴として、家計簿（毎年の収支の決算）より貯金箱（貸借対照表）を重視するということがあります。これは、債務と照らし合わせて、いまの資産配置が適正かどうかを確認するためのものです。ライフプランをつくっていくと、収支が赤字になる年があります。たとえば、子どもが大学に入学する年、家を購入する年、退職後の老後の時期です。そのために貯蓄が必要になるわけですが、それを生活費として手元に置いておくお金（まな板）、数年以内に使う目的があるお金（冷蔵庫）、当面は使わないで未来の社会や自分に向けて育てるお金（冷凍庫）というかたちで分類します。

そうすると、お客様は、自分たちの家はどのような種類のお金が足りなくて、どこをどのように増やせばいいのかを明確に意識することができます。たとえば、いまのままだと教育費が少し足りないとすれば、現在の収入を増やすか、支出を減らすかしなければいけません。数年後に必要になるお金なので、リスクのある運用は厳禁です。一方、すでに教育費はしっかり確保できているとすれば、余ったお金はすべて老後の資金に回すことができます。この部分はすぐには使わないので、リスクをとった投資が可能です。そのようにして家計のＰＤＣＡサイクルを回しています。

このように資産の配置を考えることは、ご主人にとってはとても楽しいようです。そして、計画どおりに資産が増えないと、「なぜできないんだ」といって奥様を責め始めますのでそれを全力で止めるのも私の仕事です（笑）。

夫婦同席のマネートレーニングということを最初に告知して実践してきましたので、お客様が新たなお客様をご紹介くださるときは、夫婦仲のいい人しか紹介してくれません。あまり仲の良くない人は話を聞かないだろうなというふうに、最初にお客様が選別してくれるわけです。仲のいいご夫婦だけが資産形成ができるわけではありませんが、限りあるお金をやりくりするには力をあわせて取り組んだほうが成功率は高まります。

◆金融商品の選択は顧客の自己責任に委ねる

――顧客が実際に金融商品の購入を検討する際、さまざまな選択肢があるなかで、どのようなアドバイスをしていますか。

私が金融商品を提案しなくても、生活経営書（ライフプラン）を作成したら、どうすればいいかがわかるようになります。お客様から「こういう感じの組み方ですよね」と聞かれたら、同意することもありますが、「それも一つの考えですが、こういう考え方もあります」と違う視点を示すこともあります。お客様のほうは、それで再び考えて、最終的な結論を自分たちで出すようになります。

ちなみに、先日、資産運用の勉強会に出席したのですが、ＮＩＳＡやｉＤｅＣｏなどの税制優遇制度ができたのに、個人の投資がいまひとつ盛り上がらないのはなぜかという議論になりました。個人の勉強が足りないからだという結論になったのですが、資産運用のために個人が勉強しなければならないというのは本当でしょうか。これは私の研究課題の一つです。

金融のこと、特に金融商品に関しては、わからないから使うのが怖いと思う生活者の方も多いと思います。投資信託など価値が変動するものは、特にそう思われています。そして、供給する側も顧客に「自己責任」「お金の勉強をしなさい」と訴えます。私が資産形成をしてもらいたい、いまの三〇代の世帯層は仕事もあり、日々忙しく、休みはお子さんや家族のために時間を使いたい人がほとんどです。よくわからないから投資をしない→勉強する時間がない→結果として投資が広がらない、という現状が変わらないということは、供給側も生活者も視点を変えないといけないと思います。

生活者の視点からお話をさせていただくと、「お金の勉強」は「難しいと感じている金融・経済にすごく詳しくなること」だと思われています。でも考えてみてください。たとえば、いまは皆がスマートフォンを便利に使っていますが、どれだけの人がスマートフォンにどんな技術や部品が使われているかを勉強しているのでしょうか。知っている人のほうが少ないと思います。皆さんがスマートフォンを使っている理由は、便利で楽しいからです。金融商品も同じく、楽しく便利なものとして認知してもらうことが大切ではないかと思います。

「このままでは老後が危ない」「自己責任だから勉強しなさい」ということを伝えるよりも、金融商品を生活経営の手段として使うと将来の自分の生活がこんなに便利で楽しくなるのだと気づいてもらう。生活経営に必要だと気がついてもらえば、興味がわき、勉強する人も出てくるでしょう。納得したうえで投資をすれば、そうしたニーズを満たすような金融商品が自然に供給され、生活者も自己責任をとれるようになるのではないでしょうか。

私が投資を始めたのは息子が生まれた一九九四年で、その時の日経平均株価は二万一〇〇〇円前後でした。それから二〇年以上、日経平均株価は当時の価格を超えていません（講演時点）。しかし、私のお客様で一〇年間くらいの投資経験の間にリーマンショックがあっても、期待したリターンを得ている人がいます。そうした体験をする人を多くすることのほうが重要ではないでしょうか。

――**「その商品を買うのはあまり賛成できない」ということもありますか。**

そうはいいません。商品には、良い悪いがあるわけではなく、メリット・デメリットという特徴があるだけです。特徴をつかんで自分で買ってみればわかるはずです。賛成しないというより、「特徴を知ったうえで様子を見るために少しだけなら」ということが多いです。私が心がけているのは、お客様が転ばないようにすべてに気をつけるのではなく、仮に転んでも大きなけががないようにすることです。子育てでも同じですが、世の中、絶対に安全ということはないわけですから、転ばないようにするよりも、本人が転んだら痛いということを知った後、傷をきちんと消毒して絆創膏を貼ってあげることのほうが大切です。痛みを体験すれば、より安全な道や歩き方が整えられていることを再確認することができるはずです。

――そうはいっても、自分が購入した投資信託の価格が下がったら、不安を感じる顧客もいるのではないですか。

リスクをとった資産運用に回すお金はずっと後のためにとっておくお金ですから、短期的な値下りを不安に感じる必要はありません。不安に感じる方は、そういってくれる人や、下がった経験を持った人との交流の場が少ないのだと思います。そこで私は、専門家の話を聞いたり、投資年数の違う顧客同士が交流したりする場として、フォローアップセミナーを開催しています。

投資に対する成果が思ったように出なくても、それは経過であって結果ではありません。値下りが一時的なものであると判断できれば、値下りというのは安く仕入れるチャンスでもあります。このようなことも、お客様にマネートレーニングを通じて身につけていただくべき事項です。

きちんとライフプランをつくって投資を実行している方に、不安なこと、不満なことをお聞きしながら、感情的にならないよう、客観的な数字を使って理解を深めていただいています。お金や投資にあたっても、「期待」するより「理解」するほうが重要です。

◆住まいの選択とライフプランづくり

――現在は建築業界と提携して、住まいを入り口にライフプランづくりに取り組んでいるということですが。

建材流通業者が中心となり、いくつかの県に「じゅうｍａｄｏ」という「住宅相談窓口」をつくっています。そこが主体となって片づけ・収納の講座やお金の講座など、生活にまつわるセミナーを開催していきます。私はそうしたセミナーで、家を買う前にどのようなことを考えるべきなのか、どのようなライフプランをつくったらいいのかについて、お話ししています。個別の相談については、現地のFPの方々に対応していただいています。私の話は、資産運用に興味を持っている人より、住宅購入をきっかけにライフプランのことを考えたい人のほうが受け入れやすいようです。

そこでは、現地のFPの方々にも私が推奨するライフプランの考え方や活用の仕方を覚えてもらい、住宅購入希望者の生活経営サポートに取り組んでもらっています。ここでの住まいの相談に来られる生活者の方に対しては、ライフプランづくりを通じて自分はどのような暮らしをしたいのかを考え、予算を決めて、住みたい家の設計書をつくってもらいます。そのうえで、建築業者を回るわけです。そうでないと、不要なものを買ってしまいます。海に行くか山に行くかを決めていないから、勧められるまま大きな買い物をしてしまうのです。

ハウスメーカー等と提携して同じような取組みをしているFPも多いと思いますが、会社の方針によって、ライフプランを使って家を売るのが目的になる場合も多く見受けられます。そうなると、ライフプランも住宅も売ったら終わりということになりがちです。しかし、実は家もライフプランも、買った後のメンテナンスのほうが重要なのです。

だから、大きなハウスメーカーが建てた家を買うより、地元の小さな工務店に質の高い家を建ててもらったほうがいい場合もあります。小さな工務店は年間三棟か四棟を建てれば十分で、自分と価値観のあう少数の顧客と長くつきあっていきたいという希望を持っているからです。私がおつきあいさせていただいている建築業者さんは、「家が売れない」ことより、「家を手放される」ことのほうが悲しい職人の方々ばかりです。

ところが、小さな工務店は規模や営業力やデザインなど、どの面でも大手のハウスメーカーに劣るので、彼らとの価格競争にさらされて住宅建設を安く請け負ってしまう状況もあります。そうすると材料の価格を低く抑えられるので、いい材木を扱い快適な住宅を建ててもらいたい建材流通業者も残念に思っています。

そこで、建材流通業者としては生活者を教育して、質の良い住宅の需要を促し、そうした需要に応えられるきちんとした建築業者を増やしていきたいという意向があるのです。坪単価の高い、いいお客様をたくさん持っている建築業者であれば、後を継ぐ人、大工をはじめとする職人の方も出てくるでしょう。

金融機関も住宅ローン推進のためにハウスメーカーと提携しています。家を売りたいハウスメーカーと、お金を貸したい金融機関と、持ち家の夢をかなえたいお客様の利害が、一瞬一致すれば取引が成立します。しかし、その取引でお客様が本当に求める家を手に入れることができるとは限りません。住宅ローンも借りられる額ではなく、返せる額に抑えるべきです。最終的なリスクを負うのはお客様です。私はハウスメーカーや金融機関には、顧客満足ではなく、顧客本位が求められると思います。

◆金融機関への期待

金融機関の方々も「どうしたら投資をするのか」と考えるより、「なぜ投資をしないのか」ということを意識して、生活者と対話をしたら、信頼関係を築け、結果、生活者に顧客になってもらえるのではないかと思います。生活者は自分を理解してくれる「アドバイザー」を求めています。相手が「自分を知ろうとしているのか」「売ろうとしているだけなのか」をいちばん敏感に感じるのは、さまざまな営業を受けている生活者です。生活者も「やりかた」を探すライフプランではなく、金融機関も「売る」ためのライフプランではなく、生活者それぞれの「ありかた」を「知る」ためのライフプランづくりをしてもらえたら、金融機関は生活者にとって便利な「場所」になると確信しています。

（聞き手：坂本　忠弘）

「お金と生活のトレーニング　生活経営学」の詳細については、こちらのサイトをご覧ください。
https://www.seikatsukeiei.com/

＊　＊　＊　＊　＊

谷崎さんの話には、今後の金融機関と顧客との関係を考えていくうえで、示唆に富むところが多々あると思います。

多くの金融機関において、顧客本位原則のＫＰＩをどのように設定するかが、テーマになっています。森本さんの話にもあったとおり、それはそれぞれの金融機関が自らの進む方向性、目指すビジネスモデルに応じて、独自に定めていくものです。

谷崎さんに、「お客様の反応については、どういうことを気にかけていますか」と尋ねてみました。その答えは、「お客様からマネートレーニングを行ったことで「選択肢が広がった」という声が出てくることです」というものでした。

「なるほど」と思いました。それは、谷崎さんが、家計を生活経営ととらえて自ら考え行動できる大人を増やすことを目標にしているからです。他方、たとえば、「効率よくこの結果を出したい、そのやりかたを教えてほしい」というタイプのお客様を対象とするビジネスモデルでは、まったく異なることがKPIになるはずです。

また、谷崎さんは、お客様の継続率や、お客様から知り合いを紹介いただく数などを重視しており、生活者の立場に立つということから、ポイントとする事柄が相互に連関して結びついていることに、あらためて気づいた次第でした。

もう一つは、金融機関と金融庁の関係への示唆です。谷崎さんが述べる、顧客と金融機関の関係についての次のような指摘は、そのまま、金融機関と金融庁の関係にも当てはまるように感じます。

・「説得」されていて「納得」していない。

・お客様は自分で選ぶという習慣がなく、相談は手段的な話ばかりになってしまった。「ほしいものがわからない」から、お薦めを聞き、アドバイスどおりに選択し、思ったようにならないから不満に思われている。

・自分は何がしたいのかという「ありかた」から「やりかた」を見つけていくほうが、生活者も納得し、「自己責任」がとれるようになると思った。

・「どうしたら○○するのか」と考えるより、「なぜ○○をしないのか」ということを意識して顧客の立場に立ち、「対話」したら、顧客との信頼関係が築けるのではないか。

これからは、顧客との関係を起点として金融機関が変わり、そして、金融機関と顧客の関係に影響を与える金融庁もまた、金融機関との関係で変わるべきところを変えていくということです。金融行政方針の最初に示している「金融当局・金融行政運営の改革」で、金融庁はその一歩を踏み出していますが。金融機関とそこに働く役職員は、どのように自ら変わっていきますか。

（坂本　忠弘）

これからのありかたを考えていくための問い

三方よし（「売り手よし、買い手よし、世間よし」）の精神で知られる近江商人の心得として、「商売の十訓」があります。

そのなかに、次のような二つがあります。ご自身の経営や日頃の業務を、いま一度、見つめてみてください。

三、売る前の世辞よりも売った後の奉仕、これこそ永遠の客をつくる
五、無理に売るな、客の好むものを売るな、客の為になるものを売れ

第3章

「顧客本位の業務運営」に求められる発想の転換

第1章と第2章で見てきたとおり、顧客本位の業務運営の実践のためには、金融機関としていろいろな発想の転換をしていく必要があります。しかし、慣れ親しんだ長年の考え方ややりかたを変えていくのは、簡単なことではありません。

第3章では、金融機関における顧客本位を実現するための方針策定とその定着に向けた課題について考えていきます。その際には、個別のやりかた論から入るのではなく、現在の自分の姿を直視してきちんと向き合い、自らの「ありかた」をしっかりと確立することが大切になります。

この章は、FD推進フォーラム大阪でのパネルディスカッションの内容に、当日の振り返りの部分を付け加えたものです。

坂本　忠弘（さかもと　ただひろ）〔コーディネーター〕

地域共創ネットワーク 代表取締役

一九九〇年に大蔵省（現財務省）入省後、主計局、証券取引等監視委員会、金融庁監督局、金融副大臣秘書官等を経て退官。二〇〇七年に地域共創ネットワーク株式会社を設立し、地域金融機関の新たなビジネスモデルづくりや、成長企業・中小企業等の経営事業支援に取り組む。震災復興にあたり一般財団法人東北共益投資基金を設立して初代の代表理事を務め、官民ファンドの執行役員として地域ファンドの立上げにも関わる。現在、信用金庫の非常勤理事事や上場事業会社等の社外取締役を複数兼務。

森本　紀行　ＨＣアセットマネジメント 代表取締役社長

谷崎　由美　ライフワークサポート 代表取締役

真の目的は何かを考えると仕事は楽しい

坂本　ヨーロッパにこんな逸話があります。皆さんも聞いたことがあるかもしれません。ある人が町を歩いていたら、レンガを積んでいる何人かの職人を見かけた。そのうちの一人に「何をやっているのですか」と問いかけると、彼は「見ればわかるだろう、レンガを積んでいるのだ」と言った。また別の職人に同じことを聞くと、彼は「いま壁をつくっているところだ」と言った。最後の職人は「教会を建てている」と言った。最後の職人は「私たちは人の心を癒す空間をつくっている」と言った。働くことの意味を考えるエピソードです。

最初の職人は実につまらなそうに仕事をしていて、「見ればわかるだろう」と不機嫌そうに言ったわけです。「レンガを積んでいる」というのは作業内容を説明しているにすぎません。「壁をつくっている」というのはその作業の目的を、「教会を建てている」というのは、作業がその一部をなす全体の目的を表しています。「人の心を癒す空間をつくっている」というのは、もう一つ先にある意義、最終的に目指す未来の姿です。最後の職人は、生き生きと、やりがいを持ってレンガを積んでいたということです。

このパネルディスカッションも、作業レベルの話ではなく、金融機関の業務の真の意味といいますか、その先にある目的や目指すところを考えていただくような場になればいいなと思っていま

図３－１　金融庁が提起した７原則（2017年３月30日）

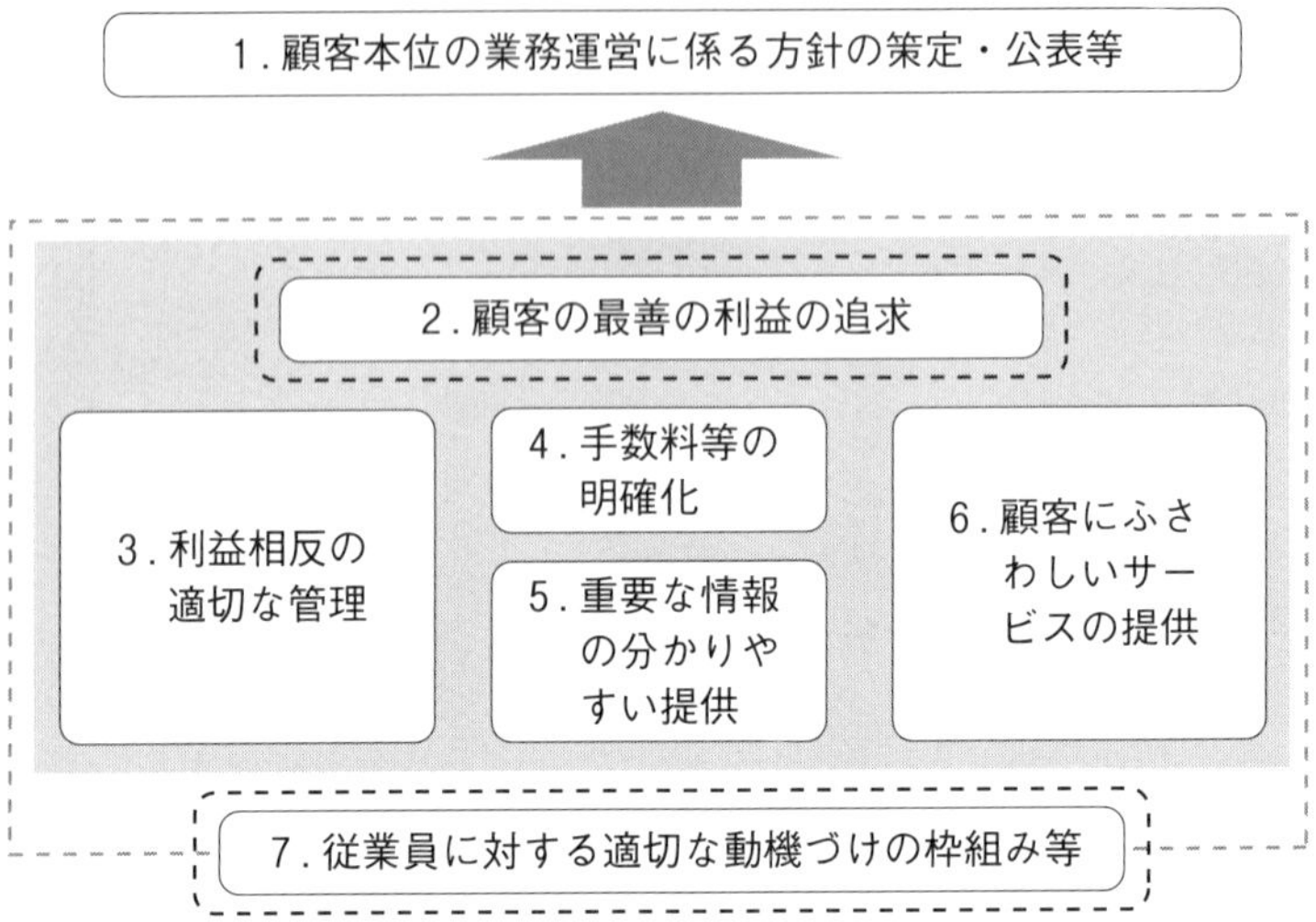

す。金融庁の「顧客本位の業務運営」という言葉は、金融機関の役職員にそのような発想の転換を求めていると私には思えるからです。いま金融機関に期待されているのは、それぞれのベストプラクティスを目指すこと、自分の未来のことを自分で考えるということです。これは大変重たいことですが、皆さん、自分のことを自分で考えるのは、つらいですか、楽しいですか。森本さんや谷崎さんを見ても、それは楽しいことだと私は思うのです。

　金融庁が二〇一七年三月三〇日に公表した「顧客本位の業務運営に関する原則」はご存知のように7原則からなっており、肝心なことは「顧客の最善の利益の追求」ですが、そのうちの七番目は「従業員に対する適切な動機づけの枠組み等」です（図３－１）。そのほかの行政文書でも「企業文化」「組織風土」という言葉が登場しており、金融機関で働く役職員の意識、やりがいを重視していることがうかがわれます。一方、顧客本位原則の定着に向けた取組みとしては、「顧客の主体的な行動」に焦点が当たっていると思われます（図３－２）。

　金融庁と金融業界団体は毎月ないし二カ月に一度の定例意見交換会を実施しており、そこで金融庁の幹部は図３－３のような発言を行っています。これを見ると、金融機関の業務の目的は顧客の生活・ビジネスに役に立つことにあるのですが、まず、自社のあるべき姿、理念を主体的に思い描くということが大事だと、そうした経営理念が経営方針・事業計画等に反映され、役職員に浸透することが期待されています。そういうことのなかで、働く職員のやりがいが大事なのだということです。また、森本さんのお話にもあったように「売らない親切」という言葉や、「ＢｔｏＣ」ではなく顧客の個別のニーズにきめ細かく対応していく「ＣｔｏＢ」という言葉も出てきます。

　つまり、金融機関が一律に商品をパッケージにして提供していくのではなく、一人ひとりの顧客のニーズにきめ細かく対応していくことが必要な時代になってきているのではないかという問題意識がうかがわれます。それはトップダウンではなく、顧客と直に接する現場の職員が心がけて、創意工夫を発揮しなければ実現できないことです。

　私がもし検査官であれば、「あなたがお客様と一緒に喜べたエピソードとして思い浮かぶことを

図３－２　「顧客本位の業務運営に関する原則」の定着に向けた取組み

1．金融事業者の取組みの「見える化」

・各金融事業者においては、顧客本位の業務運営の定着度合いを客観的に評価できるようにするための成果指標（KPI）を、取組方針やその実施状況の中に盛り込んで公表するよう働きかけ
・本年６月末から当面四半期ごとに、取組方針を策定した金融事業者の名称とそれぞれの取組方針のURLを集約し、金融庁ホームページにおいて公表

2．当局によるモニタリング

・金融事業者における業務運営の実態を把握し、ベスト・プラクティスを収集
・収集されたベスト・プラクティスや各事業者が内部管理上用いている評価指標などを基に、金融事業者との対話を実施。「原則」を踏まえた取組みを働きかけ
・各金融事業者の取組方針と、取組みの実態が乖離していることはないか等について、当局がモニタリングを実施
・モニタリングを通じて把握した事例等については、様々な形での公表を検討

3．顧客の主体的な行動の促進

・実践的な投資教育・情報提供の促進
　－投資初心者向けの教材を関係者で作成し、広く活用
　－商品比較情報等の提供のあり方について、ワーキンググループを設置し、議論を整理
・長期・積立・分散投資を促すためのインセンティブ
　－積立NISA対象商品の商品性の基準の公表
　－上記を踏まえ、長期・積立・分散投資に適した投資信託の提供促進

4．顧客の主体的な行動を補う仕組み

・第三者的な主体による金融事業者の業務運営の評価
　－客観性、中立性、透明性が確保される形での、民間の自主的な取組みを引き続き促進
・顧客にアドバイス等を行う担い手の多様化
　－販売会社等とは独立した立場でアドバイスする者などに対する顧客のニーズに適切に対応できるよう必要な環境整備

図３－３　「業界団体との意見交換会において金融庁が提起した主な論点」より

［投資顧問業協会・平成29年２月］

（「国民の安定的資産形成」において）

・どのような業務運営のあり方が顧客のためになるかとの観点から、自社のあるべき姿（理念）を主体的に思い描き、それを経営方針・計画等に具体的に落とし込んだ上で、営業現場に至るまで貫徹されるように、取組みを進めていただきたい。

［信用金庫協会・平成29年３月］

（「金融モニタリング」において）

・顧客本位のビジネスモデルの構築は、金融機関で働く職員のやりがいにも通じるもの。

［生命保険協会・平成29年２月］

（「改正保険業法の施行に伴う保険代理店に対するヒアリング結果」において）

・高齢者に対する対応についても、保険募集上のルールを守るだけでなく、保険販売、顧客管理、保険金支払いなどの様々な場面で、「売らない親切」も含め、どのような業務運営のあり方が顧客のためになるかを幅広く検討していただきたい。

（「テクノロジーの進化への対応」において）

・テクノロジーがいかに進化しても、顧客は、テクノロジー自体を評価するのではなく、それを勧める人や企業を信頼してテクノロジーを利用。

［地方銀行協会・平成29年１月］

（「コア顧客・コアビジネス」において）

・銀行業も、銀行が一律に提供商品を決めるB to Cから、顧客の個別ニーズにきめ細かく対応するC to Bのビジネスモデルに変わりつつあることを踏まえる必要。

教えてください」と職員の人に聞きます。そして、そのようなことが経営方針・事業計画等や本部と現場の関係のなかで自然に実現しているか。理想と現実の間にはなんらかの乖離があるものですが、現場でのありたい姿を実現していく際の悩みに耳を傾ける。そこから浮かび上がった企業文化や組織風土に関する課題を経営陣にフィードバックするということをしていくのではないかなと思います。7原則をあまり技術的に複雑に考えていかないことがむしろ大切なように感じます。

顧客本位の業務運営に向けた発想の転換①——「販売」より「購買」

坂本　このパネルディスカッションにおいて、そもそもの考え方の転換が必要ではないかということを、森本さん、谷崎さんと一緒に考えていきたいというのが、まず大きな意図としてあります。

顧客本位の業務運営に向けて、金融機関の役職員一人ひとりにどのような発想の転換が必要なのかを考えるために、谷崎さんの取組みを参考にして、三つの切り口を設定しました。①「販売より購買」、②「顧客満足より顧客本位」、③「やりかたよりありかた」というものです。谷崎さんに来ていただいたのは、個人の暮らしに寄り添って、ライフプランづくりのお手伝いをされているなかで、資産形成、あるいは金融サービスとは何なのかを、生活者の視点から問い直すことができるのではないかと思ったからです。まずは「販売より購買」ということですが、どのような問題意識なのか、谷崎さんから図3－4も用意していただいたので少しお話していただけますでしょうか。

図3－4　販売より購買─誰にとってのおススメ商品？

ありかた（方向性）にあわせたやりかた（技術・手段）の提案

キャッシュフローは、「いま」を楽しむための将来のイメージ像づくり

顧客のやる気スイッチ探し

あなたがクレヨンの販売員だとしたら？

クレヨンの構造・成分　　絵を描く楽しさ

谷崎　「販売よりも購買」とは、供給者側が売りたいものをどうすればお客様に買ってもらえるかを考えるのではなく、お客様が買いたいと思うものを提供していくということです。これは、販売にあたって手数料を得ることができるかどうかに関わります。私もお客様から相談料をいただきますが、その理由を説明するために、いつも有料バスと無料バスの違いを説明します。無料バスは行き先が決まっているから無料なのです。たとえば、自動車学校のバスがバス料金をとるのはおかしいですよね。生徒さんが学校まで来なければ講習は成り立ちませんから、免許を持たない生徒さんが学校まで来るために必要な交通手段を用意するの

は学校側の責任だというのが通常の認識です。しかし、乗る人が自分の行きたい先を決めて乗るバスは有料です。お客様は、自分が行きたいところに行くために喜んで料金を払うわけです。

生活やお金に関することの問題点は、お客様自身にも自分が何を求めているのか（行きたい先はどこなのか）がよくわかっていないことです。私にとっては、それを「見える化」するツールが、ライフプランの作成ということになります。私はライフプランの作成にあたって、お客様に現在から一〇〇歳まで、生涯の収支計画をつくってもらいます。それを通じて、金銭面で自分が望む生き方を担保するためには、いまどのような行動を起こさなければならないかが数字で明らかになります。それは、将来の不安に備えるとか、将来を楽しむためにいまを我慢するということではなく、いまを楽しむために必要なことです。将来、どういう状態の自分が理想なのかを把握しておけば、やるべきことも見えて、いまを楽しむことができるからです。いまを楽しむためのスイッチ、何をいえばやる気になるのかというスイッチは一人ひとり違っています。

私が、ある人から教えてもらった話があります。自分が文房具屋さんの店員で、子どもが二〇〇円を持ってきてクレヨンがほしいといったとき、どのように対応するかという話です。二〇〇円では一二色のクレヨンは買えません。五本程度を選ばなければいけないとすると、一二色のなかで黄緑を推奨する店員は自分の扱う商品について勉強不足だといわれました。黄色と緑のクレヨンを持っていれば、黄緑色がつくれるからです。では、文房具屋の店員はクレヨンの成分や色彩の構造に詳しければ、それで十分なのでしょうか。

クレヨンの成分や色彩に詳しい店員と、絵を描く楽しさを教えてくれる店員のどちらがクレヨンをよく売ることができると思いますか。子どもに絵を描いてみせて、楽しいと感じさせてあげれば、その子は家でも一生懸命に絵を描いて、クレヨンをたくさん使うでしょう。すると、また新しいクレヨンを買いに来ます。前回は五色しか買えなかったけれども、今度は一二色そろったものがほしいと思うかもしれません。それが、坂本さんが話をされていた「顧客の主体的な行動」ということなのではないかと思います。何かを売っていくためにということではなく、お客様に自分がほしいと思うものは何かを気づいてもらうことが大切で、販売よりも購買ということを心がけています。

森本紀行

森本　金融商品の組成、販売を別の主体が担う場合、販売会社は金融商品の組成業者を代理しているのか、顧客を代理しているのかということが問題となります。通常、販売会社は製造業者を代理するという考え方が一般的で（販売代理）、従来の証券業界の意識もそのようなものだったと思います。これに対して、販売会社が顧客の代理人であるとすれば（購買代理）、販売会社はお客様のニーズにあった、すぐれた投資信託を探して買い付けるという考え方になります。

「顧客の真の利益」を追求するとすれば、購買代理という考え方のほうが自然だと思います。販売代理では「顧客の真の利益」を追求できないというわけではありません。しかし、その場合、販売会社は常時たくさんの商品の在庫を抱えて、そのお客様にあった商品を適切なタイミングで提供しなければなりません。「今月はこの商品を売りましょう」というかたちで、すべてのお客様に対して一律に営業キャンペーンを展開することはできないはずです。当該商品が適合するお客様は、すべての顧客のうちのごく一部で、しかも、その顧客にとって当該商品の購入に適した時期も限られるからです。

販売代理か、購買代理かというのは本質的な差です。金融庁が金融商品の販売会社に対してフィデューシャリー・デューティーを課したことについて「けしからん」という意見は、販売会社のありかたが販売代理なのであれば、まったくそのとおりです。アメリカでそうであるように、原理的に販売代理に対してフィデューシャリー・デューティーの適用はありません。しかし、販売会社が購買代理の立場に立つのであれば、投資運用業と同じような立場になりますから、アメリカでもフィデューシャリー・デューティーが適用されることになります。

したがって、金融庁が販売会社に対して、法令上の概念ではないとはいえ、フィデューシャリー・デューティーを課しているというのはとても大きなことです。ちなみに、金融庁は資産形成の重要性を強調していますが、資産形成というのは行為であって特定の金融商品の組合せではありません。資産形成という言葉で語ることができるのは、特定のお客様の特定の時期のニーズだけだと思います。

坂本　販売代理か、購買代理かで、金融機関の人材育成のありかたも変わってくるのではないでしょうか。販売代理であれば商品知識を身につけさせることが研修の眼目になりますが、購買代理であれば顧客のニーズをつかむことのほうが重要になりますね。

森本　フィデューシャリー・デューティーは法人には適用がありません。フィデューシャリーとしての責任を負うのは徹頭徹尾、金融機関で直に顧客と接している役職員個人です。これは、医師や弁護士が個人として責任を負っていて、所属する病院や弁護士法人が責任を負っているわけではないことと同じです。

それが、組織の文化とか風土が重要だという金融庁の指摘につながってくるわけです。フィデューシャリー・デューティーを負うのが金融機関の役職員個人であるとすれば、組織が責任を負うことを前提にして、役職員を統制することを目的にした規程類を見直す必要が出てくると思います。そうしたコンプライアンス的な考え方では、役職員に適切な動機づけを与えることができないからです。

購買代理の担い手に求められる能力は、お客様の生活や考え方を理解し、その金融ニーズを触発するというものです。それは教えるものではなく、自ら進んで学ぶべきものではないでしょうか。

図３－５　販売代理から購買代理へ

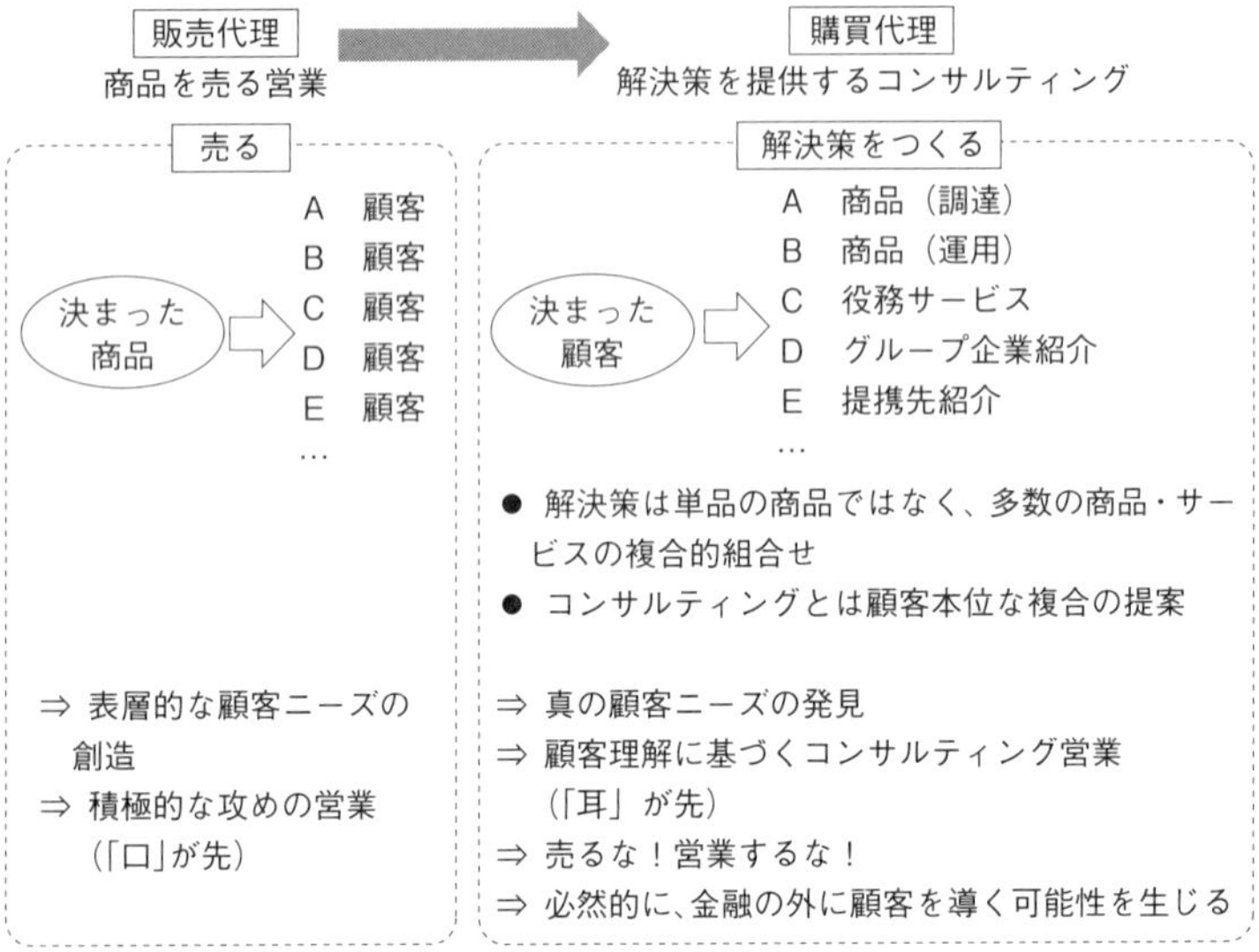

顧客の金融ニーズを掘り下げることに成功すれば、それにあった商品を探してくるのはそれほど難しいことではありません。商品知識などそこらへんに転がっていますから、その説明に高度なノウハウなど必要ありません。お客様のニーズを適正にとらえることがすべてではないかと思います。

日本の地域金融機関に求められているのは、「ホームドクター」としての役割だと思います。ホームドクターは日本にはない制度ですが、患者が「お腹が痛い」と言ったときに、いきなり専門医のところに駆け込むのではなく、まずはホームドクターのところに行って、どのような分野の専門医に診てもらえばいいかを指示してもらうわけです。専門的な知識は金融商品の組成にあたって必要とされるものであって、販売会社に求められるのはホームドクターとして適切なソリューションを提示することです。

では、病気が治ったときに患者は誰にいちばん感謝するでしょうか。病気を治してくれた専門医でしょうか、適切な専門医を紹介してくれたホームドクターでしょうか。私は、患者が日頃から付き合っているホームドクターのほうではないかと思います。

顧客本位の業務運営に向けた発想の転換②――「顧客満足」より「顧客本位」

坂本　続いて二番目は、「顧客満足より顧客本位」です。森本さんが第1章でお話されていたことの筋道と展開を、私なりに視覚化しました（図3－6）。会社本位に考えて会社が儲けるために顧客満足を追求するよりも、顧客本位を追求していけば会社にとって持続的なビジネスが確立され、働く役職員にとっても「やりがい」や、お客様と一体になったコミュニティづくりにつながるのではないかと思われます。森本さんから顧客本位は顧客満足と目指すものが異なるという問題提起がなされました。

谷崎由美

谷崎　生活者の方にとっては、子どもが歯を磨きたくないと言ったときに、磨かなくていいよというのが顧客満足で、子どもが嫌がっても歯を磨かせるのが顧客本位ということですよね。金融機関が儲

図3－6　「顧客」「会社」「本位」「満足」の組合せを考えてみる

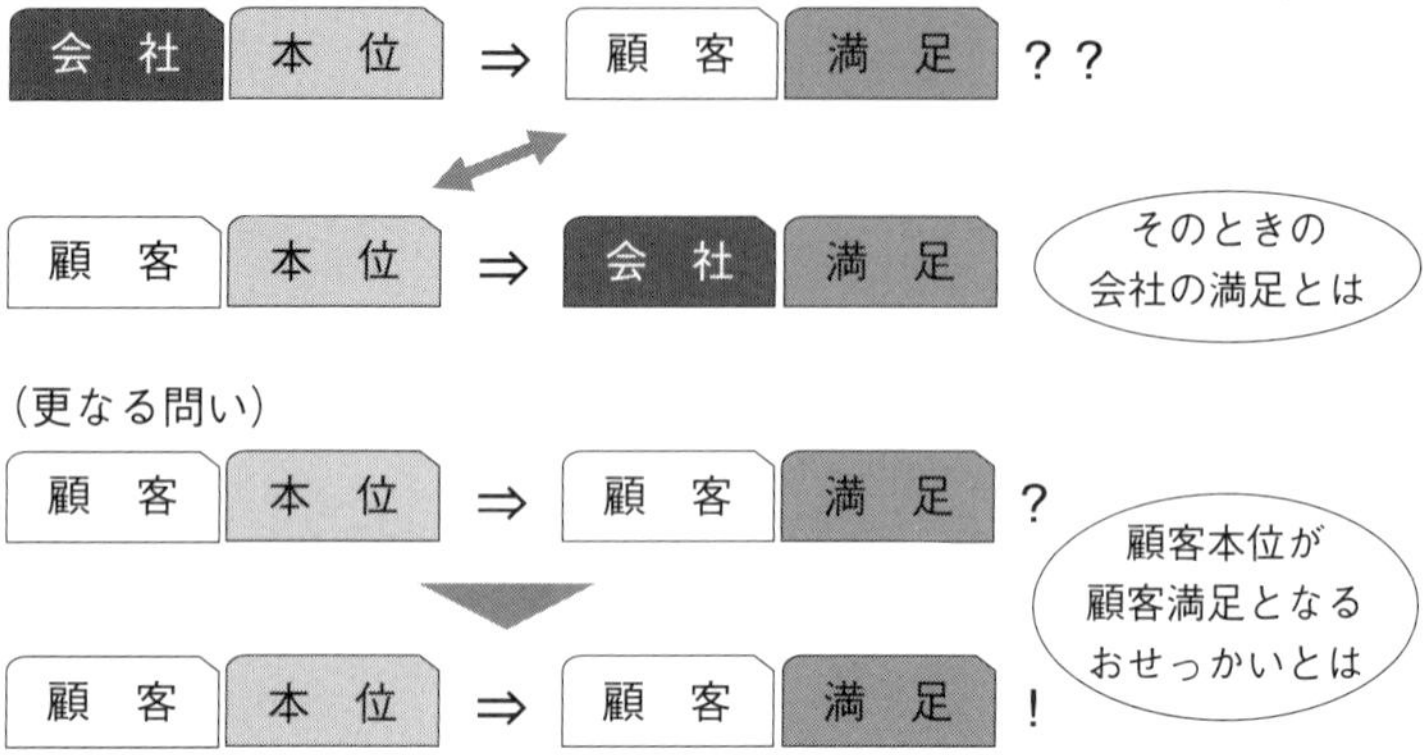

けるために顧客満足を図ろうとしているのか、顧客本位を追求しているのかは、お客様には伝わるのではないでしょうか。結果的に何年かかるかわかりませんが、顧客本位の追求が顧客満足につながっていくのではないかと思います。

坂本　Global Alliance for Banking on Valuesという、独自の価値を提供している銀行の国際的なアライアンスがあります。日本で加盟している銀行は現時点でありませんが、カナダからは生活者の生活再建を行う銀行が加盟しているそうです。消費者ローンを中心にする銀行ですが、お金を貸すというより生活改善の指導と伴走に注力しているとのことです。手間を考えれば著しく高い収益とはならないのでしょうが、生活再建が進めば債務者状況が良くなるわけですから、顧客本位で真の顧客満足につながる持続的なビジネスモデルといえます。そんなことも思い出しました。

森本　金融サービスのなかで資産形成はすべてではありませんが、金融庁は投資信託の販売を促進せよとは言っておらず、顧客の資産形成を支援せよと言っていることに注意する必要があります。顧客の資産形成のために投資信託を保有することがベストではないなら、別に投資信託を売らなくてもいいということだと思います。たとえば、顧客のライフサイクルを考えると住宅を取得することが資産形成に資するのであれば、投資信託を保有することよりも住宅を取得することを支援したほうが顧客本位です。あるいは、すでに形成した資産を取り崩して生きる局面にある人に対しては、持ち家を担保にお金を貸したり（リバースモーゲージ）、持ち家を賃貸に出すお手伝いをしたほうがいいかもしれません。

つまり、金融庁は、金融機関が何をすべきかということに関して、商品から出発して考えるのではなく、お客様の生活から出発して考えることを徹底して求めています。どうしたら金融商品を売ることができるか、どのような金融商品なら売れるか、住宅ローンか投資信託かという問い方は、発想そのものがおかしいということです。顧客の視点に立てば、絶対にそういう発想は生まれないはずです。顧客のライフサイクル全体を考えて、どういうサービスが提供されるべきかと問わなければなりません。極端に言えば、金融サービスそのものが提供される必要がないお客様がいるかもしれません。

そうすると、もはや商品知識の研修は古いのだと思います。商品の研修をするのであれば、投資信託、決済サービス、ローン等を一体的に取り扱う必要があります。そういう時代に入ったのではないでしょうか。

ここから先に進むために――「とはいえ…」と向き合う

坂本 ここまでの話を聞いて、皆さん一個人としてはそうだなと感じておられる方は多いように思いますが、心のなかに悶々としたものが湧いてきているのではないかと思います。多くの金融機関の方が「そうはいっても」と思われるであろうことを、私のほうであらかじめ一枚にまとめてきました(図3－7)。たとえば、「それで収益が本当についてくるのか」「そんなことでビジネスとして成り立つのか」「時間がかかることばかりで、先が見えないことを誰もやりたくない」。十分な時間でワークショップをするときには、この「とはいえ……」を一回、正直に出さないと、そこから先になかなか進んでいきません。今日はその時間がありませんが、こうした皆さんの心のなかに浮かんでくることに、どのように応えればいいのでしょうか。

森本 金融機関の経営者一人ひとりが真剣に考えるしかないと思います。たとえば、野村證券は顧客本位原則をやり切ると思います。同社は職員に対して「コンサルティング」という概念を打ち出していて、販売という概念はもうありません。

野村證券の顧客本位原則の「従業員に対する適切な動機づけの枠組み等」には次のように書いて

図3－7　ここから先に進む前に、「とはいえ……」

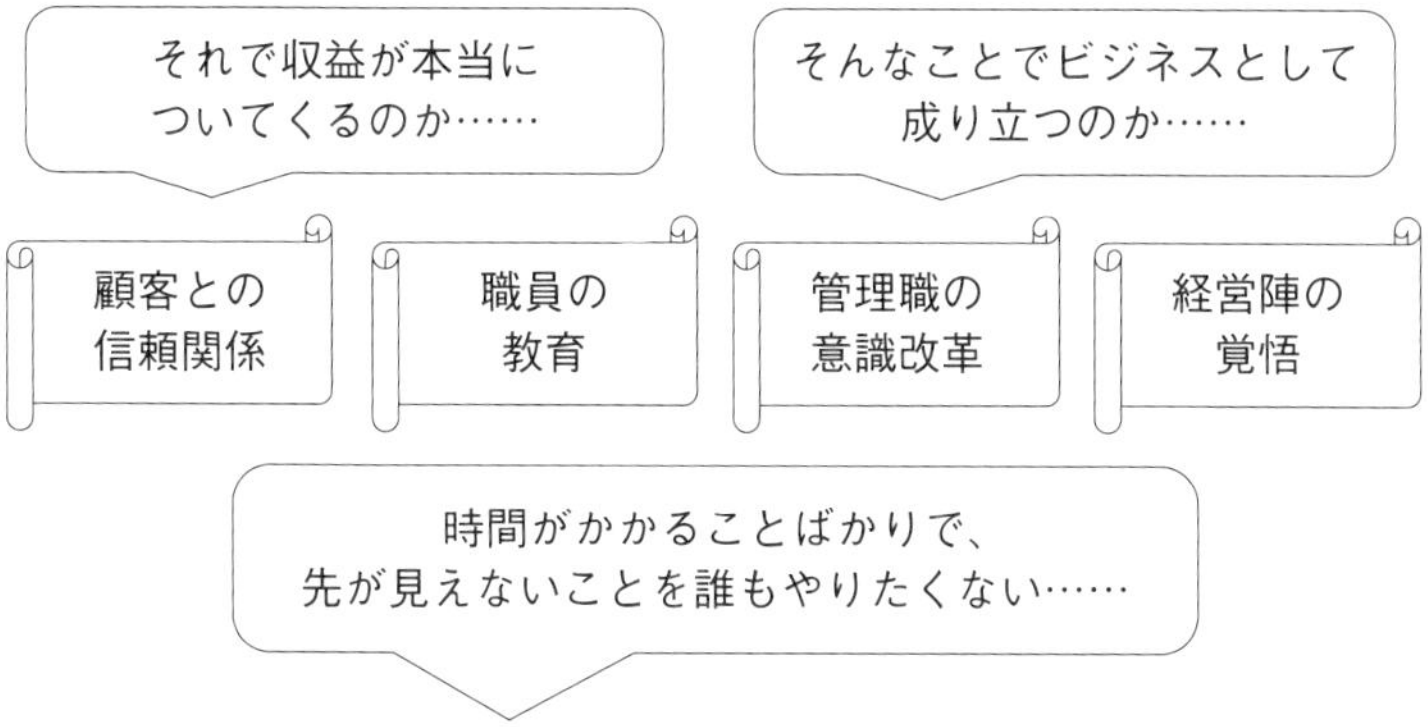
それで収益が本当に
ついてくるのか……
そんなことでビジネスとして
成り立つのか……
顧客との
信頼関係
職員の
教育
管理職の
意識改革
経営陣の
覚悟
時間がかかることばかりで、
先が見えないことを誰もやりたくない……

あります。「当社は、従業員が常にお客様の最善の利益を意識して行動し、より高いレベルでのコンサルティングを通じて良質なサービスを提供するよう、社内教育・研修の充実に努めます。（中略）当社は、社内の業績評価におきましても、コンプライアンスの観点や、お客様からの信頼の証であるお預り資産残高の拡大を重要な指標として位置付けており、手数料収入に偏ることなく、こうした社内研修、表彰制度や業績評価体系を通じて、お客様満足度の向上を重視する姿勢を徹底し、お客様の最善の利益を追求することに向けて社員を適切に動機づけます」。

販売手数料から残高比例報酬に移行する転換期においては、減収になると思います。預り資産が累増すれば増収に転じますが、販売手数料の落込みの速度のほうが速いからです。社長は減収の責任を問われるかもしれませんが、それでも顧客本位を貫き通すと決めたわけです。

皆さんは、これで野村證券の株価が下がると思いますか。私はそうは思いません。まず、減収になったとしても、コストも減るので、最終利益はそれほど落ち込まない可能性が高い。また、販売手数料の減収を残高比例報酬でカバーできるようになれば、コスト効率は劇的に改善するはずです。金融庁の言うとおり、短期的利益を放棄することが中長期的な企業価値の向上に帰結します。株式市場もそのように受けとめるはず、いや、そのように受けとめられるように、経営者のコミットメントを社会に向けて発しなければいけない。野村證券の顧客本位原則には、そのような経営者の意識がにじみ出ています。

加えて、絶対に後ろには引かない、前にしか進まないという経営者の本気度を対外的に示すことによって、社内の風土をも変えていくということではないでしょうか。短期的に減収になれば、役職員のボーナスも減らさなければならないでしょう。それで役職員の士気を保てるでしょうか。野村證券は大きな経営上のリスクを背負って、顧客本位原則を公表したということです。

ある意味、地域金融機関のほうがより大きな危機感を持たなければならない局面かもしれませんが、野村證券グループは成長戦略として打ち出しているように思います。危機感よりは成長戦略のほうがいいと思います。

それは、皆さん一人ひとりが考えていただく、経営者一人ひとりが真剣に考えていただくほかないものです。

谷崎　私の実感として、お客様は基本的に面倒なことは嫌いです。金銭的なことを考えなくてはいけない状況だとわかると、専門家の言うことを聞いておけばいいというのが本音だと思います。投資教育の必要性が叫ばれていますが、個人は普段の生活があるので、勉強することは大変です。インターネットでさえ面倒な人も多く、私のお客様はインターネットも開かない方がほとんどです。ですから、多くの人々が金融機関に対して、自分が決めた方向性にあった商品を、きちんとした理解を伴ったかたちで売ってほしいと思っていることは間違いありません。そのなかでも、地方銀行や信用金庫といった地域に密着している金融機関を本当は上手に使いたいと思っていると感じます。

坂本　二人の話を聞いていて頭に浮かんだ言葉が「プロアクティブ」です。金融行政方針において、金融庁の職員はプロアクティブになろう、「困難な課題にも主体的に取り組む職員」を目指すと書かれています。金融機関は規制業種であることから、またいろいろな歴史的経緯もあり、リアクティブな面が非常に強いと思います。金融庁の意向を踏まえた銀行の身の処し方や外部環境を踏まえた銀行の今後の探り方に意識がいき、「自社のあるべき姿を主体的に思い描く」ことは苦手であるように思います。しかし、このプロアクティブ宣言にしても、「皆さん一緒に頑張ろうよ」というように金融庁がメッセージを発しているのだと思います。

坂本忠弘

顧客本位の業務運営に向けた発想の転換③――「やりかた」より「ありかた」

坂本　最後の三番目は、「やりかた」より「ありかた」ということです。経済の成熟化に伴って、生き方も多様化しているわけですから、資産形成のありかたも多様化しているのではないかと思いますが、谷崎さん、いかがでしょうか。

谷崎　資産形成の方法論もやはり大事です。どういうやりかたがいいかと聞いてくる人も多いのですが、私からみれば「やりかたの前に、あなたはそもそもどうありたいのですか」ということです。いまの生活者は情報があり過ぎて、海に行くか山に行くかを決める前に、登山靴や浮き輪を買い込んでいるような状態です。この登山靴がいいよと言われたら、山に行く予定もないのに登山靴を買って、海に行く予定もないのに、この浮き輪がいいよと言われたら浮き輪を買っています。そして、道具を買い過ぎて身動きがとれないというのが、いまの多くの生活者の状況ではないかと思っています。

森本　金融庁は、投資信託の販売のありかたの是正を強く求めているわりに、ただの一度も「適合性原則」などというコンプライアンス的なことを言っていません。いま谷崎さんが出された例を用いると、おそらく登山靴を持っている人は登山という行為に適合しているケースが多いと思います。しかし、適合しているということと、その人が本当に山に登りたいのかということとは何の関係もないわけです。金融機関はこうしたことを真剣に考えたほうがいいと思います。

金融庁は「真の顧客ニーズ」と「顧客ニーズ」、「顧客本位」と「顧客満足」を区別しています。表層的な顧客ニーズに応え、適合性原則を満たしたうえで金融商品を販売することが真の顧客ニーズに適っているとは限らない。顧客の生活のありかたを考えたうえで、その顧客が本当に必要としているものは何なのかを見出すことのほうが、単純に金融商品を販売するよりも、金融サービスとしてよほど高度で重要なことです。

こうしたことが、金融機関におけるコンプライアンス強化の風潮のなかでかえって見えなくなっています。経営者が表層的な適合性原則しか見ていなくて、それが真の顧客のニーズにあっているかどうかを決して問おうとしないなかで、真の顧客ニーズから離れた業務運営がなされているのではないか、それは金融機関の未来の成長をかえって阻害するものではないかという、金融庁ならではのおせっかいがフィデューシャリー・デューティーの強調というかたちで表れているのだと思います。

坂本 金融庁が顧客本位原則を公表する前から自主的に出されているフィデューシャリー宣言のなかで、私が高く評価しているのはセゾン投信のフィデューシャリー宣言です。「お客様の最善の利益の追求」の内容として、「(1)当社は、生活者の経済的自立のお手伝いをすることが社会的使命と考え、そのために必要な企業文化を構築し、保持いたします。(2)当社は、生活者の経済的自立の実現

図３－８　経営組織運営の「全体像」を観る――ハード３Ｓとソフト４Ｓ

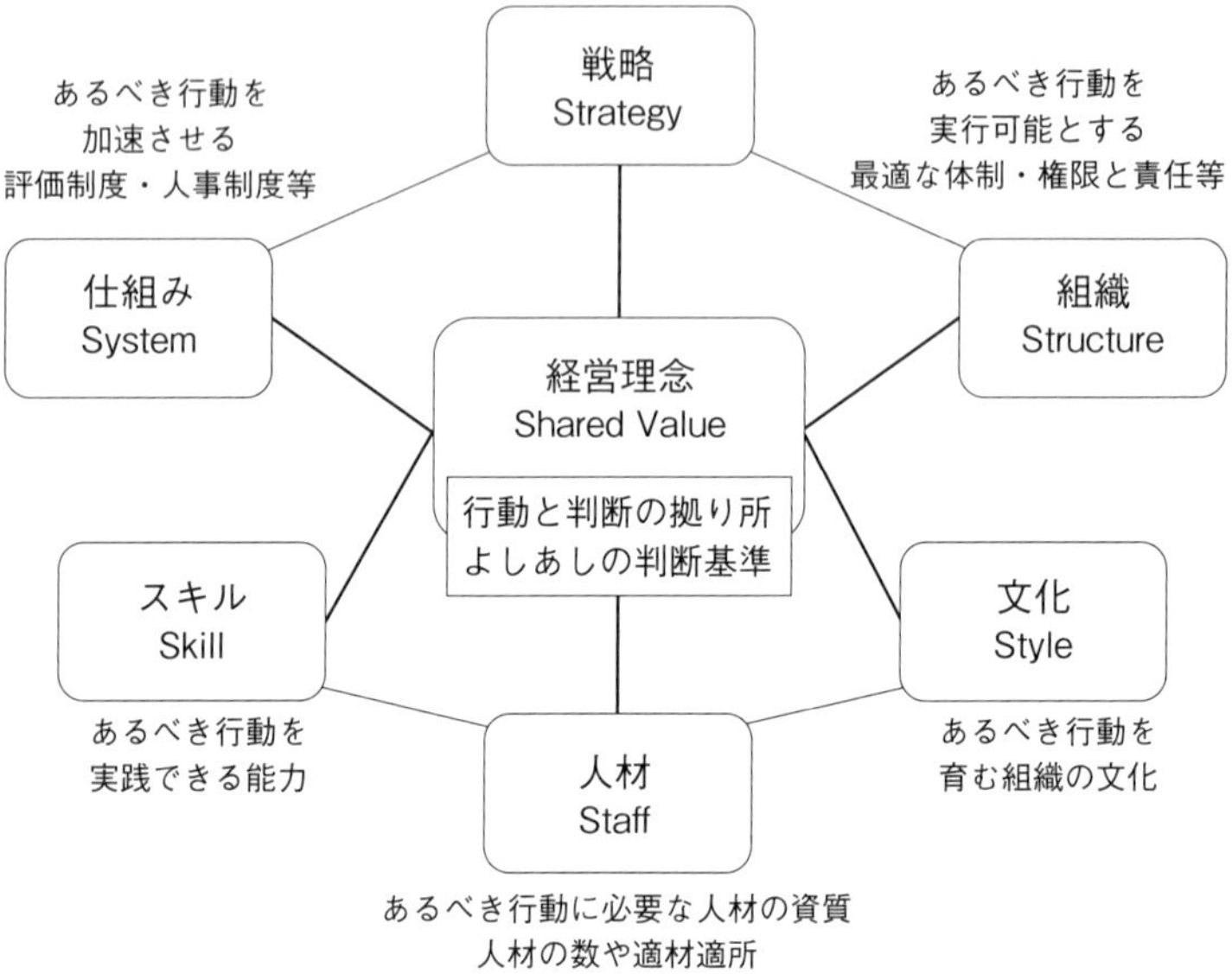

のためには、長期投資の理念に立脚した資産形成が必要不可欠との考えから、その業務を行ってまいります。(3)販売においては、長期・積立投資を推奨し、短期的投資や乗換投資を推奨することはございません。(4)販売手数料はお客さまの投資効率を悪化させるとの考えから、徴収いたしません」とうたっています。いろいろな「ありかた」を持つ顧客のなかで、セゾン投信は長期資産形成に適した「ありかた」を目指す顧客に奉仕するという考え方を明確に打ち出しています。それがセゾン投信の「ありかた」だというわけです。

最後に、やりかたよりありかたに関

図3－9　PDCAサイクルを補うFeDAR

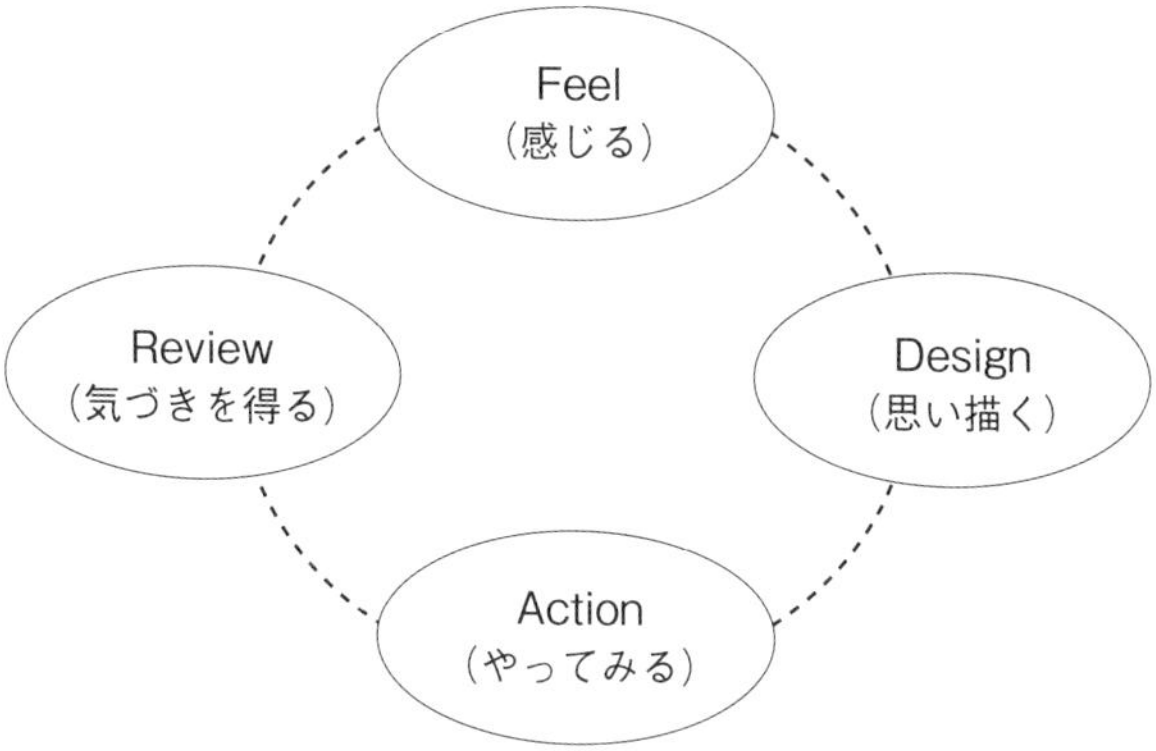

（出所）　H2O綜合研究所　平野治氏提唱

わることで少しお話させていただきます。

業務運営や目の前の対応においては、やりかたにどうしても目が向きがちになることが多いのですが、経営や組織の運営の全体像を見ていくことが必要です。図3－8は「7S」「ハード3S、ソフト4S」というフレームワークです。ハードの3Sとは、「戦略（Strategy）」「組織（Structure）」「仕組み（System）」のことです。この3Sは、形式的に変えやすいものです。これを中心にした対処療法的なやりかたでの対応で、短期的には一定の成果も出せます。しかし、こうしたハードにソフトの4S、「経営理念（Shared Value）」「人材（Staff）」「スキル（Skill）」「組織文化・企業風土（Style）」が結びつかなければ、持続的な成果を生み出すことはできません。

皆さんが顧客本位原則を考えるときも、たとえば、役職員で「当行庫は銀行／金庫本位になっているところはないか」「顧客本位に変えていくためには何が必要か」を出し合って、それらが「ハード3S、ソフト4S」のどれに該当するものかを俯瞰してみてください。中核となる経営理念に基づき、向かうべき方向性をより明確にしながら、施策や打ち手において7Sが有機的につながりながら進んでいるかを考えていただければと思います。

また、PDCA（Plan, Do, Check, Action）も大事ですが、FeDAR（Feel, Design, Action, Review）という言葉もあります（図3－9）。感じる（Feel）、思い描く（Design）、やってみる（Action）、気づきを得る（Review）ということです。品質改善や業務効率化に肩肘張って取り組むよりも、素直に感じたことを行動に反映するほうが大事かもしれません。

本日の議論が、投信販売という「やりかた」論ではなく、個人の資産サイド、住宅ローン等の負債サイドをトータルに見て、顧客の「ありかた」に沿った真のニーズは何なのかを考えるきっかけになれば幸いです。ありがとうございました。

＊　＊　＊　＊　＊

《当日の振り返り》

このフォーラムには、約六〇名の金融機関（地方銀行、信用金庫、労働金庫等）の役職員の方々にご参加いただきました。パネルディスカッションの最後に、各人に配布した二つの付箋に、①今日の「学び」—今日、新しく知ったこと、②今日の「気づき」—認識はしているけれど、実際に取組みや行動ができていないこと、を無記名で率直な感想として書いていただきました。その後の情報交換会で、ホワイトボードに貼り出して、他の人がどういう学びや気づきがあったかを眺めながら、話の輪が広がりました。参加した皆さんからのこの二つの付箋をもとに、私の当日の振り返りをしたいと思います。

●今日の「学び」—新しく知ったこと

まず、「フィデューシャリー・デューティーが、金融行政の歴史的転換の前提となる非常に大切なことだということ」など、金融仲介機能から資本市場機能へという金融構造改革の方向性とフィデューシャリー・デューティーについての金融庁の姿勢に関するコメントが一割強ありました。そのなかで、森本さんが述べられた、「利益相反の可能性があることも問題であるということ」や、「口先だけのフィデューシャリーは許されない」といった、金融機関への信頼に安住する企業文化への自戒の言葉もありました。

フィデューシャリー・デューティーの内容に関しては、「その真の目的がわかった」、鍵となることとして「自律統制」と簡潔に四文字を記入いただいたものがありました。「フィデューシャリー・デューティーの実現には、経営の発想の根本的な転換が必要」「フィデューシャリー・デューティーはコンプライアンスではない」「KPIはお客様や金融庁に対する成果公表ではなく、金融機関自身の自己点検のためにある」というような、大局的にとらえたものも目につきました。

また、「販売より購買という考え方」や、「「やりかた」と「ありかた」の違いが再認識できた」という声も数多くいただきました。

今般の顧客本位の業務運営に関する原則は、貯蓄から資産形成への推進を念頭に策定されたものですが、これからの金融機関の業務の全般を考えることも、もちろん必要なことです。顧客との関係で「投資信託販売だけでなく資産・負債を考えること」など、資産形成全体でとらえて考えること、さらには資産と負債の両方で考えることの重要性に言及されたものもありました。

そして、「商品単位・立場で考えるから「売る」「売らない」という考え方になる」「顧客のライフステージによって顧客本位の業務運営は異なる」というような、視野を広げていく感想もいただきました。

個別的な内容に関するもので最も多かったのは、「顧客満足が顧客本位とは限らない」「顧客本位と顧客満足の本質的な違い」など、「顧客満足」と「顧客本位」の違いについてが二割近くを占めました。そのなかで、「顧客に対して表層的な接客しかしていないことへの反省」と書かれたものもありました。

また、谷崎さんの活動やお話に触発され「家計管理は貯金箱」や「夫婦でマネートレーニングを受けること」、私が言及した「ＦｅＤＡＲ」も、何人かにあげていただきました。

そして、「お客さまの選択肢を広げる重要性」というような、これからのありかたに関わること、「個人のイノベーションは顧客との接点においてしかなく＝これが経営の原点だということ」との記述がありました。

●今日の「気づき」――認識はしているけれど取組みや行動ができていないこと

「本日の話のなかでの話題のほとんど」というような感想もいただきました。同時に、短い時間のなかで、考え方の転換やありかたを問いかけ、すぐに答えが出るものではない内容構成にトライしたことから、「私にとっては「突飛」ともいえる内容であったので、正直まだ消化しきれていません」というような、率直でもっともなご意見もいただきました。ここでは、その内容を、先に述べた７Ｓのフレームワークに照らしながら、私なりにまとめてみます。

四分の一近くが、「経営理念」に関係するものでした。

「販売（代理）から購買（代理）への転換」「真の顧客本位がまだまだできていない」「「顧客本位」の業務運営と言いつつも、金融庁を意識した業務運営になっていました」、そして、「経営の意識改革」と書かれたものがありました。

「目先の利益を捨てて将来の企業価値向上を目指すこと」と書かれたものがある一方で、「パネルディスカッションでもテーマとして出ていたように「収益はどうついてくるのか」という点が気にな

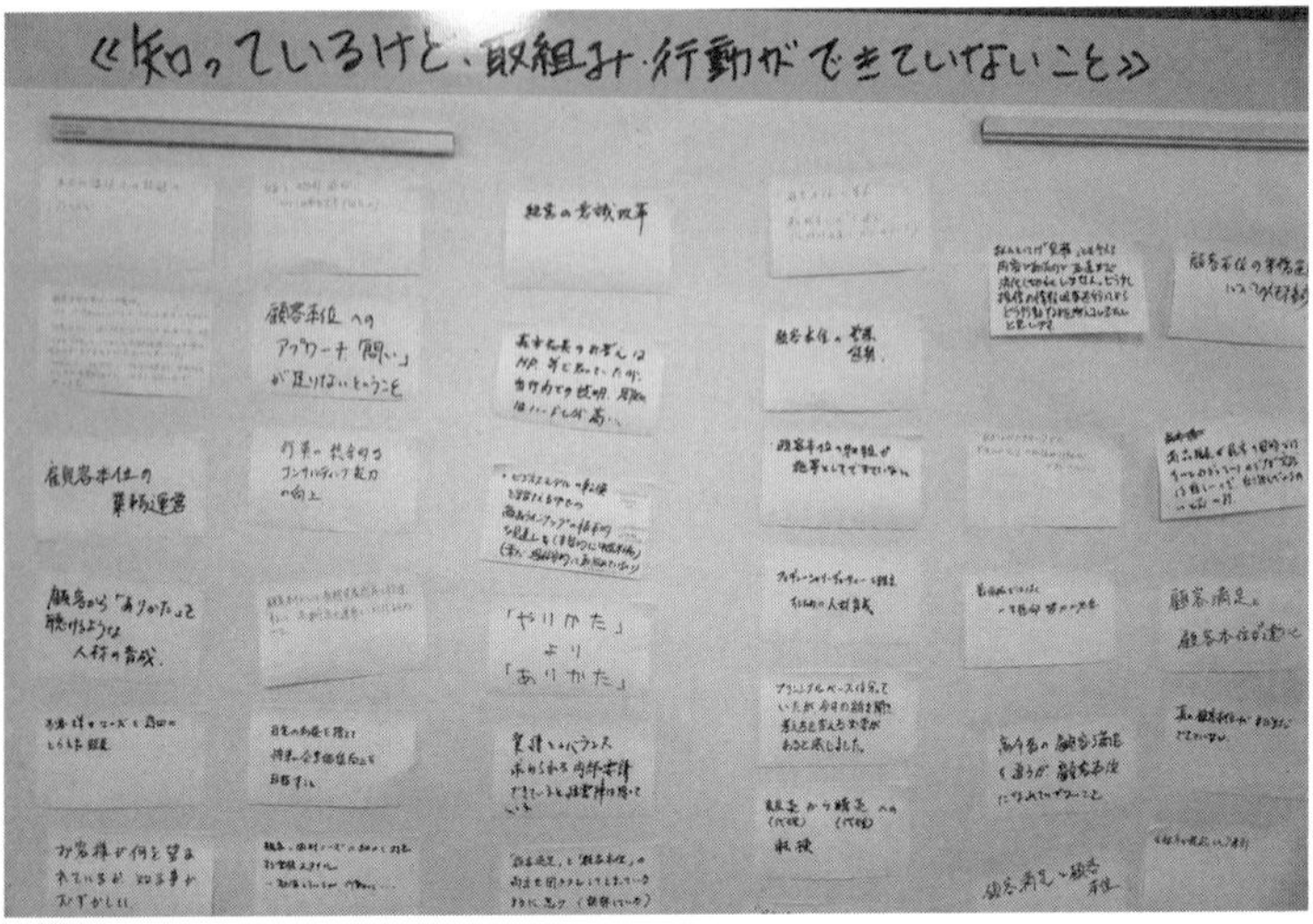

ります」など、やはり収益や手数料についてどう考えていくのかという本音の感想もありました。

「原則とベンチマークでの「見える化」の取組み行動ができていない」というような記述も複数ありました。私には、核となる経営理念が明確ではなく、皆に腹落ちして共有されていないことが、根底にある要因ではないかと思えます。

この経営理念に係るところが、いわずもがなですが、最も大切なことであり、ここをあいまいに通り過ごしてしまうと結局は中途半端になることが多く、「顧客本位へのアプローチ、「問い」が足りないということ」と記述されたものがあったように、この機会に顧客との関係を自問して、現状に目をそらさずに向き合い、自らのありかたを突き詰めて考えていくことが大事だと思います。

「戦略」を具体的にどのように立てていくのかに

ついては、「「量→質」への転換」「顧客の個別ニーズに細かく対応するスタイル」「ビジネスモデルの転換を踏まえる中での商品ラインアップの根本的な見直し」などがあげられるなか、「ビジネスモデルの確立が課題であると認識しているが、具体的な取組みができていない」という率直な感想もいただきました。

「人材」は何をするにも基本となるもので、「フィデューシャリー・デューティーを確立するための人材育成」、より具体的には「顧客から「ありかた」を聞けるような人材の育成」と記されているものがありました。

それらを実現していくための「スキル」に関しては、「行員の総合的なコンサルティング能力の向上」「真の顧客ニーズの追求（コンプラ的表層ニーズになっている）」「〝期待するより理解する〟―自分の目線で、自分の価値観からしか考えられていなくて、自分の予測にあてはめようとしてしまっています。理解するためには、その前提として色々な価値観に共感できるような力が必要なのでは」というような谷崎さんの言葉に呼応する記述もありました。

組織や仕組みに関しては、「顧客本位の営業態勢」「顧客本位の取組みが施策としてできていない」など、経営理念や戦略と有機的につながる態勢整備と施策立案もまだまだ課題としてあるようです。

7原則の原則2（顧客の最善の利益の追求）においても言及されている（「業務運営が「企業文化」として定着するよう努めるべき」）「文化」に関しては、「商品販売が顧客の目的ではないとわかっているのですが、実践は難しいので取り組んでいきたいと思います」「プリンシプルベースはわかっていたが、今日の話を聞き、考え方を変える必要があると感じました」「最低限ではなく一生懸命努力が必要」、そして、「「やりかた」より「ありかた」」と書かれた方もいました。

●主体的な創意工夫の創発

以上が、当日参加した皆様に書いていただいた付箋の内容の紹介になります。私も最近、このような付箋を使ったワークショップを行うことが増えてきています。そうすると、いろいろな意見や心のなかで感じていることが出てきます。今回は一人一枚ずつで書いていただきましたが、たくさんの付箋を配り、感じ考えたことを何枚でも書いてくださいというようにすれば、かなりの数のコメントが出てくることが多いです。まずは自由で率直な意見や感想を出してもらいたい場合には、無記名で書き出してもらうというのも一つの方法です。

金融庁も対話の重要性を強調していますが、こうした付箋を用いたワークショップのように、その場を共有している者同士が率直な意見を出し合い、お互いにそれらをまずはありのままに受けとめて理解し、それぞれが考えていることの気づきを得るというプロセスのなかから、主体的な創意工夫が生まれてくるように、私は最近の経験のなかで感じています。

今回の付箋ワークはごく短い時間で書いていただいたもので、それを踏まえた対話を行うこともなく、私の理解が不十分なところも少なからずあろうかと思いますが、これからの金融機関としてのありかたを考える貴重な声をいただき、当日ご参加された皆様にはあらためて御礼を申し上げます。

（坂本　忠弘）

金融機関の組織の内外での対話の場づくりにご関心のある方は、こちらにご連絡ください。
info@kyou-sou.net

これからのありかたを考えていくための問い

この章の内容を踏まえて、役職員の方々それぞれ、次のようなことを考えてみてください。

〈経営層の方々へ〉

① 顧客本位の業務運営に関する取組方針は、あなたの金融機関（貴行）のどのような経営理念を具体的に表すものですか。それは、経営計画（中期経営計画等）において、どのように位置づけられるものですか。

② ①は、どのような事業戦略として、貴行の大切にする顧客基盤の方々への独自性あるサービスの実現を目指すものですか。

③ そのためには、どのような人材を育成していく必要がありますか。備えていくことが望まれる素養やスキル、そのための教育プログラムの考え方は、どのようなものですか。

④ 組織の体制や権限等、業績評価・人事評価等について、どのように考えて対応されていますか。

⑤ それらを実現していくために、どのような組織文化づくりをされているか、組織文化を耕す取組みや、社内のコミュニケーションの活性化として、どのような活動をされていますか。

〈本部管理職や支店長の方々へ〉

① 現場の一人ひとりの職員は、楽しく仕事をしていますか。

② お客様がいまのあなたの仕事をありのまま見たとしたら、どのように考えられると思いますか。

③ お客様基点に立って、組織体制や制度等に関して改めていくべきところはありますか。

④ 本部内／支店内の風通しや本部と支店の間のコミュニケーションをよりよくするために、どのようなことをしていますか。

⑤ 新入職員にどのように育ってもらいたいですか。そのためにどのような金融機関でありたいですか。

〈職員の方々へ〉

① いまのあなたの業務で、顧客本位ではなく金融機関本位になっていると感じるところはありますか。

② 真の顧客本位に生まれ変わるために、必要なことは何だと思いますか。

③ そのために、あなたが明日からの行動で大切にしていきたいと感じ、考えることは何ですか。

顧客本位原則を踏まえた取組方針において、各金融機関でKPIの設定がテーマとなっています。それは、各金融機関がそれぞれ重点を置く顧客層に応じて、その顧客との関係等に照らし、設定していくものです。

事業会社の新規事業の立上げ等において、ビジネスモデル・キャンバスというフレームワークが使われることがあります（図3－10）。ビジネスモデルを設計する際にはさまざまな要素を考慮する必要がありますが、それを九つに整理し、各要素間の有機的なつながりを視覚的に理解できるようにしたものです。

ビジネスモデル・キャンバスでは、右側の顧客セグメント（誰のために価値を創造するのか、最も重要な顧客は誰なのか）と真中の価値提案（顧客にどのような価値を提供するのか、顧客のどのような

図3－10　ビジネスモデル・キャンバス

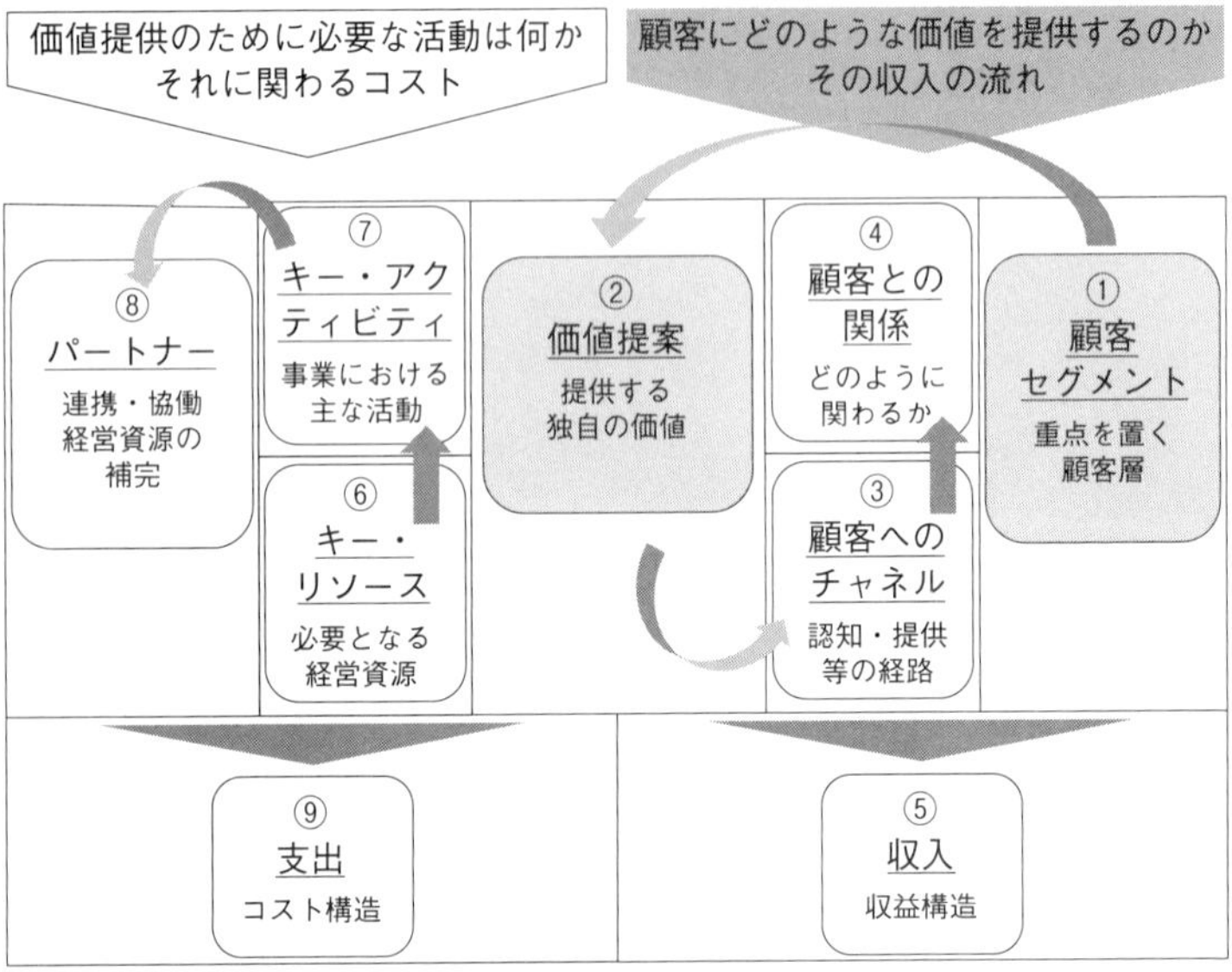

「ビジネスモデル・ジェネレーション　ビジネスモデル設計書」（アレックス・オスターワルダー／イヴ・ピニュール著、小山龍介訳）を参照して筆者作成

ニーズに対応するのか、顧客のどのような課題の解決を手助けするのか）を中心にして、顧客との接点（チャネル）や関係を考え、それにあわせて、左側に配置されている、価値提供に必要なリソース、企業としての事業活動、自社でまかなえない部分を委ねるパートナーを考慮し、その収入とコストが見合うものかを検討していきます。事業の構造を「見える化」するものです。

このビジネスモデル・キャンバスを参照しながら、金融機関として顧客に提供していく価値と、それに関わるKPIについて考えてみることも、一つの参考になると思います。

〈KPIの設定に向けて〉

① あなたの金融機関が大切にしていきたい顧客層に、どのような価値を提供したいと考えていますか。

② そのために、どのようなチャネルで、顧客の方々とどのような関係を築いていますか。

③ そのために、顧客に対して、あるいは顧客とともに、どのような活動をしていますか。

④ それらの活動に必要な社内リソースの状況はどうですか。外部パートナーと連携されているところはありますか。

⑤ ①について、具体的にどのような成果（共通価値の創造）が生まれていますか。

⑥ ①を実現するために、②～④において鍵となる活動や指標は何ですか。

⑦ ①②から得られる収益と③④に要する費用のバランスはとれていますか。

（坂本 忠弘）

第4章

真の顧客本位の実践への対話
―地域金融機関役員の鼎談

顧客本位の業務運営を実現していくためには、金融機関の役職員一人ひとりの意識を高めていく必要があります。また、金融機関は世の中の多くの企業から見ればかなり大きな規模の組織なので、顧客本位原則でも言及されているとおり、組織文化にまで及ぶ対応が求められてきます。そのためには、社内でのさまざまなコミュニケーションを通じて、目指す方向や行動指針を共有していかなければなりません。

第4章では、地域金融機関の三名の役員の方にお集まりいただき、顧客本位の業務運営の取組方針をどのように進めているのか、課題や悩みを含めて率直に意見交換していただきました。

この章は、その鼎談の内容を坂本がまとめたものです。

吉野　勇治（よしの　ゆうじ）広島銀行　取締役専務執行役員

一九八二年に広島銀行に入行後、総合企画部企画室長等を経て、二〇〇六年に総合企画部長、二〇〇九年に銀山町支店長、二〇一二年に執行役員東京支店長、二〇一四年に常務執行役員、二〇一五年に取締役常務執行役員、二〇一七年四月に新設されたアセットマネジメント部長委嘱、二〇一七年六月に取締役専務執行役員。

五島　久（ごとう　ひさし）福岡銀行　常務執行役員

一九八五年に福岡銀行に入行後、人事部副部長、総務広報部副部長等を経て、二〇一二年に総合企画部部長、二〇一五年に執行役員営業推進部長、二〇一六年の組織改編に伴い執行役員営業戦略部長兼ＦＣ推進部長、二〇一七年四月に常務執行役員、ふくおかフィナンシャルグループ執行役員を兼務。

中田　高義（なかた　たかよし）京都信用金庫　常務理事

一九七四年に京都信用金庫に入庫後、営業現場において店舗長、リテール部門では個人市場部長、企業金融部門では審査部長、資金運用部門では金融市場部長、経営企画担当役員を歴任後、二〇一七年四月より新設された価値創造本部の副本部長として共通価値の創造を軸とする業務運営を担当。

坂本　忠弘〔コーディネーター〕地域共創ネットワーク　代表取締役

図4－1　進行案

① 顧客本位の業務運営に関する取組方針は、貴行庫のどのような経営理念を具体的に表すものですか。それは、経営計画（中期経営計画等）において、どのように位置づけられるものですか。
② ①は、どのような事業戦略として、貴行庫の大切にする顧客基盤の方々への独自性あるサービスの実現を目指すものですか。
③ そのためには、どのような人材を育成していく必要がありますか。備えていくことが望まれる素養やスキル、そのための教育プログラムの考え方は、どのようなものですか。
④ 組織の体制や権限等、業績評価・人事評価等について、どのように考えて対応されていますか。
⑤ それらを実現していくために、どのような組織文化づくりをされているか、組織文化を耕す取組みや、社内のコミュニケーションの活性化として、どのような活動をされていますか。

坂本　本座談会の趣旨として、顧客本位の業務運営の取組方針は、銀行・金庫のどのような経営理念を表していくものか、また、経営計画等においてどのように位置づけられるものか、そして、どのような事業戦略として、銀行・金庫が大切にする顧客基盤の方々への独自性あるサービスの実現を目指すものなのか、このような、やりかた論ではなく、ありかた論が大切で、そこをうかがえればと考えています。お示しした進行案（図4－1）に基づき、この場を進めていければと思いますが、まずはお三方それぞれの銀行・金庫において、全体的にどのように取組みを進めておられるか、そのなかで大事にされていることは何かを、うかがえればと思います。

発想とプロセスの転換

吉野　フィデューシャリー・デューティー（以下、ＦＤ）、「顧客本位の業務運営」は、言葉は違えど、従来から「お客様第一主義」、あるいは「ＣＳ」など、どこの金融機関でもそういった概念を掲げて、ずっと取り組んできたテーマです。ミニマムスタンダードとして守らなければいけないルール、金融商品取引法への対応ということは当然ながら行ってきましたが、今回あらためてＦＤ、顧客の最善の利益の追求と言われたとき、最初は本音のところ何を言いたいのかと思うところがありました。

しかし、よく考えてみると、この十数年間、金融商品の販売にかなり力を入れてきたなかで、ふと現場に目を向けてみると、やはり心のなかではお客様は大切だということはあるけれども、気がつけば「収益第一主義」がなかったかと言われれば、たとえば、つい期末になってくるとそういうこともあったと思います。ただし、収益をまったく捨ててしまったら私企業として成り立たないので、バランスをうまくとりながら銀行全体をリードしていかなければいけないわけです。

今回の方針策定については、去年の今頃（二〇一六年夏）から、私の担当部門だけではなく主要な役員も含め、いま世の中でＦＤが問われているけれども、どう考えるかなどとディスカッションして、対応を進めてきました。新たな中期経営計画がタイミングよく、この二〇一七年四月にスタートしたので、このＦＤについての考え方も織り込みながら計画をつくってきました。

広島銀行では、この四月にアセットマネジメント部を新たに立ち上げ、私が部長を務めていますが、この分野を強化していこうという思いもあります。また、従来のひろぎんウツミ屋証券をこの六月（二〇一七年）に一〇〇％子会社として、同社はひろぎん証券になりました。このように、お客様の資産形成あるいは資産保全などについて、いろいろな角度から対応していこうと進めていますが、なかなか現場ではまだ十分によくわからないというところがあります。

そこで、支店長会議などで説明したりしましたが、いちばん力を入れたのは、当行には毎朝一〇分ですが、アセットマネジメント業務スキルアップ講座をＥラーニングで行うコースがあり、この講座で一カ月以上、二〇コマ以上にわたる研修を実施しました。ＦＤ宣言とはこういうことだということを、一つひとつかみ砕いて説明していきました。いまではかなり「顧客本位」について理解してもらっていると思っています。

しかし、まだまだなところもあります。金融庁より毎月分配型投信についての問いかけがありましたが、あらためて見てみると、お客様のニーズがあるということでもありますが、それ相応に広島銀行もお客様に対してそのような投信を販売しています。私が広島銀行の行員だということを知らないお客様に覆面インタビューで聞いてみると、よく売れている商品が雑誌に出ますが、それは高齢の方たちが買っている毎月分配型のリートであったりするわけです。それを見て三〇代の若い人たちも「あの商品をください」と銀行や証券の窓口に来て購入されるとのことです。窓口のほうも「お客様がほしいと言っているのだからそれでいいのではないか」ということになっているのです。このように、本当の意味でのお客様のニーズをつかみきれずに売っているケースもあるわけですから、まだまだ変えていかなければならない部分があると思います。

五島　私たちは、ふくおかフィナンシャルグループ（ＦＦＧ）の事業展開を進めるうえで、グループ経営理念を従業員が共有することがいちばん大事だと考えていまして、全役職員に配布している「ブランドブック」でそれをわかりやすく解説しています。具体的には、ＦＦＧをつくるときにＦＦＧの志を言葉に表そうということで、経営理念を実現していくために、ブランドスローガンを「あなたのいちばんに。」と定めました。

いろいろな「あなた」がいるわけですが、まずはお客様をはじめとするステークホルダーです。そして、一緒に働く従業員、仲間です。もちろんお取引先以外の地域というものもそうだと思いますが、いろいろな関係者を「あなた」として、その方々にいちばんに思い浮かべていただく。いろいろなことをするときにまっさきに声をかけていただこう、あるいは「ＦＦＧがいちばんいいよね」と思っていただこう。そして、いろいろな「いちばんに」を実現することがＦＦＧの成長と地域の発展の貢献につながるということで、「あなたのいちばんに。」というのを、まずはお客様、あるいは地域といったステークホルダーの皆様方との約束にしようと決めました。

そして、「あなたのいちばんに。」を実現するために、従業員の行動指針として「コアバリュー」を三つ決めました。一つ目が「いちばん身近な銀行」、二つ目が「いちばん頼れる銀行」、そして三つ目が「いちばん先を行く銀行」です。この三つの「いちばん」を実践していこうということにしました。

いまの長期ビジョンのなかで、「ザ・ベストリージョナルバンク」を目指すということにしています。メガバンクではなくベストなリージョナルバンクを目指すということですが、その実現の基盤がこの「あなたのいちばんに。」であり、それを実現していけばFFGの会社としての成長と地域経済の発展への貢献という好循環が実現できます。そういうことから、長期ビジョンのなかでも「あなたのいちばんに。」を大きな志として位置づけて、それをみんなの心に刻んで進んでいこうということにしています。

ですから、われわれからすると顧客本位の業務運営、お客様本位でやっていくということは、まさに「あなたのいちばんに。」を実際に自分たちが体現していくことそのものだということで、全員がこれを理解して営業していくことにしています。

われわれはえてして自社のあるいは自分の頭のなかでいろいろな戦略・戦術を考え、それを営業現場に下ろしてお客様に提供していこうとしがちですが、基本はお客様が何を望んでいるのかで、そこから戦略・戦術を発想すべきです。そういう意味で、これまでの発想のプロセスを逆にすべきではないかと、経営トップ自らがことあるごとに言っております。経営会議でも、何か施策を打つとき、あるいは施策のPDCAの評価をしてフィードバックするときに、お客様の声はどうなんだと、お客様はそれをどういうふうに受けとめているのかということを、必ず聞かれます。ここのところ経営会議でもフリートークの時間を多くとって、お客様はどうなのかということを毎回議論しています。このように、現在、お客様がどういうふうに感じとっていらっしゃるかということを、自分たちの施策の評価として、本気でしっかりと考えよう、という動きをしています。

ＦＦＧをつくったきっかけというのは、福岡県だけではなく、北部九州を中心としてオール九州地域の活性化・発展のために貢献していこうという志からで、「シングルプラットフォーム・マルチブランド」を基本的な経営スタイルとしていますが、「あなたのいちばんに。」を役職員の行動の基軸としています。

それをどういうふうにみんなで共有するかということについては、先ほどの「ブランドブック」をもとに、日々考えながら行動をしようということで、朝礼や支店内の会議などで話をします。私もお店に行けばこれを読みますし、最近では女性の活躍推進といったプロジェクトでも、少しずつ読み替えて話をするようにしています。

たとえば、支店長に対して話をするときには、いちばん身近な銀行として日々行動しているかというのはもちろんですが、マネジメントの話をするときにも、「いちばん身近な支店長であるか」

「いちばん頼れる支店長であるか」といった問いかけをします。ブランドブックの最後には、「あなたのいちばんに。」を実現するためにはＦＦＧの社員がお互い心を通わせながら理解しあって働くことが大事だということが書いてあります。そういったところも話をして、この一〇年間、ケースバイケースでこのブランドブックを使って一つの志を全員で共有しようとしています。

しかし、人の入れ替わりもありますし、若い世代にこれがどこまで腹に落ちているのかという点については微妙なところもあります。そこをしっかりと、愚直に取り組んでいこうと努めております。

中田　京都信用金庫は協同組織金融機関ですので、もともとは中小企業専門金融機関という位置づけでしたが、一九七一年（昭和四六年）頃に地域金融機関として「コミュニティ・バンク」であると宣言をいたしました。実はその時に「コミュニティ・バンク」を商標登録しています。当時から、会員顧客の繁栄、職員家族の繁栄、地域社会の繁栄という、「三方良し」の実現を企業理念として掲げていました。

ところがその後、バブルの崩壊に至るまでの高度成長のなかで、協同組織金融機関の本来の使命感や役割が段々と薄れてきました。折に触れて金融審議会などでも協同組織金融機関の税優遇は必要なのか、非営利法人といいながらもやっていることは銀行と同じではないかという議論がありました。いまから一〇年前、二〇〇八年に現在のトップと交代したとき、高度成長の時代が過ぎて、徐々に経済・社会の格差が目立ってきました。特に中小企業では勝ち組・負け組の差が大きいということがあり、そのなかでわれわれの立ち位置として原点に帰るべきだろうということで、もう一度理念を見直し、「新しいコミュニティ・バンク」という言い方をしながら「地域の絆づくり」を宣言しました。

まず、いちばんはじめの有言実行として「雨の降った日に一本でも多くの傘を貸します」という新聞発表をしました。言った以上はやらなければいけませんが、これを言ったのが二〇〇八年六月で、その三カ月後にリーマンショックが起きて大雨が降ることになりました。しかし、言ったことは続けなければということで続けてまいりました。そのなかで実感したのですが、お客様のことを一番に考えると、われわれだけが言っていても始まらない、お客様のほうに京都信用金庫の本気度を信じてもらえなければ、お客様から経営のネガティブな情報は出てきません。お客様の弱みを共有するという覚悟がなければ、「雨の降った日に」なんてことは言えません。ですから、いかにしてわれわれが本気だということを信じてもらえるかということをずっと考えて取組みを進めてきました。

では、個人のお客様の場面ではどうなのかというと、当時はまだ個人の方の課題が鮮明になっていませんでしたので、われわれは個人のお客様との距離を狭めようと努力をしてきました。世の中は非対面取引に走っていますが、われわれは逆にローカウンターを中心とした対面を重視し、「接客ていねい推進課」という名前の本部の組織をつくってみたり、窓口の者を全員「くらしのアドバイザー」という名前にしたりしました。しかし、それは顧客本位というよりは、顧客満足のほうに走っていました。お願いをして、仲良くなって、そして結果的にこちらの思うような関係にするというかたちになっていました。

いま、個人のお客様の生活でもいろいろな課題が出てきていますから、本気で顧客のことを考え、顧客本位の仕事をすることが必要です。しかし、よくセミナーなども開催しますが、しょせんお客様はそこでご自分をさらけ出す気はなく、さらけ出す気がなければ顧客本位のアドバイスも何もありません。では、どうしたらわれわれと胸襟を開いた関係になれるかというと、やはりここでも信認されることが大切だと思います。ちょうどFDとともに「共通価値の創造」ということもいわれており、その方向に切り替えようということで、この四月（二〇一七年）に組織を改編して「価値創造本部」をつくりました。私も副本部長として、視点を転換して顧客の価値創造に取り組んでいこうとしています。

顧客本位原則については、現在準備中です（二〇一七年九月に「しあわせづくりサポート宣言」として公表）。われわれとしては、出したからには、それが確実に履行されるようにしていかなければならないという思いがあります。先ほどEラーニングのお話もありましたが、職員の意識の徹底という意味でもまだまだ課題はあると思っています。今後それらを整理しながら公表して、取組みを進めていきます。

本気でお客様に関わること

坂本　お三方とも、視点をお客様サイドに転換するというか、顧客を基軸にして物事を考えていくということについては、顧客本位原則の話があってもなくても、考えていくべきものだ、というお話でした。中田さんからは、金融機関が本気でお客様と関わらなければ、本心は見せてもらえない、という話もありました。だからこそ、このような基軸の転換は、経営理念や経営計画でしっかりと位置づけられなければ進んでいかないところがあると思います。

進行案でいえば①に当たりますが、顧客本位原則に関する方針公表という狭いところにとらわれず、顧客を基軸とする考え方が近年の経営計画のなかでどう位置づけられ、今後どのように進めようとされているかについて、うかがえればと思います。

吉野　広島銀行でいえば、お客様基点という視点は昔から当然あったことですが、今回のFDではお客様基点だけではなく、お客様の利益を最優先に考えるということが求められていると思います。お客様が「これをほしい」と言ったから売るということではなく、それがお客様にとって本当に必要な商品なのか、お客様がその商品を購入されて将来幸せになれるのだろうかと、ニーズだけではなく、それを販売することが本当にいいのかも考えて業務に取り組んでいかなければならないと思っています。

当行には「倫理規定」がありますが、それは銀行では一丁目一番地の規程です。倫理規定では、従業員の行動規範と銀行の行動憲章の二つが書かれています。行員がそれほど頻繁に触れるものではありませんが、何かあったときに見返す、ベースになるものです。今回、この銀行の行動憲章の「価値ある金融サービスの提供」のなかに、「金融商品販売においては、お客様の利益の実現を最優先に考える」とあらためて書き込みました。お客様に対して付加価値のあるサービスを提供していくことが、結果としてわれわれの企業価値の向上につながるということを、銀行のいちばん大切で、ぶれてはいけない規定の、いの一番に織り込んだということです。

本当にお客様のためになるのか、個人の文脈でいえば、ライフプランのなかでその商品の購入がよい選択なのかを考えるレベルにまで踏み込んでいくということです。いままでは、とりあえずお客様がほしいとおっしゃるものを売っておけばよいという対応だったかもしれませんが、そうではなく、いったん立ち止まって、お客様の真のニーズにあうかどうかというところまで踏み込んで考えていくことが必要だと思っています。

五島 先ほども言いましたが、われわれは、いろいろなことを言っても、やはり銀行起点、われわれが商品を考えて、それをお客様に提供していくという、プロダクトアウトの発想になりがちです。ですから、とにかくお客様の声を聞こうということで、ＶＯＣ（Voice of Custcmer）、お客様の声をいろいろなところから集めて、そこから自分たちが改善すべきところ、お客様に提供するものを考えようと、そういう動きを強めています。

具体的には、資産運用先のお客様に、当行との取引に満足していらっしゃるのか、どういったところを銀行に対して期待されているのか、まだまだ不満があるのか、どういったところが不満なのかをうかがうアンケートを直接お願いしています。その結果を全体の施策にも活かしますし、組織にもフィードバックして組織の評価も行い、あるいは職員へのフィードバックも行うようにしています。そのように、自分たちの動きを変えていくためにも、お客様の声を能動的かつ積極的に聞かせていただく活動を展開しています。

坂本　福岡銀行を見ていますと、そういうお客様の声をしっかり聞くこととともに、暮らしのエコシステムをつくるということもされています。銀行があなたにぴったりだということをワン・ツー・ワン的に提示するのは難しいので、ライフスタイルに関わるニーズやウォンツを満たす金融機関以外の事業者やサービスに関わる人たちに集まってもらい、お客様が日々の生活でいろいろなことをしていくなかで、お客様にサービスを選んでいただけるようにそこにアクセスしていただく。そういうエコシステムづくりを、フィンテックの取組みのなかでされていることです。それはおそらくいろいろなことにつながっていくように思います。吉野さんのお話のなかで出ていたお客様基点でお客様の利益を実現していく一つのやりかたではないかと感じるところがあります。

五島　お客様がこれをつくってくれ、あれをつくってくれということではなく、お客様の期待を超えるような、あるいは想定を超えるようなサービスを提供するというのも、イノベーションとしてわれわれに求められているところだと思います。フィンテック分野でiBankというビジネスを展開していますが、そこでは、地域や企業の皆様にもわれわれが開発したWallet+というアプリケーションのパートナーとして参加していただき、そこにあるサービスをエンドユーザーのお客様にご利用いただくという事業を進めています。パートナー、エンドユーザーとのつながりを広げることで県境や店舗のあるなしに関係なく、幅広くいろいろな地域の方々にご利用いただけるような拡張性のある仕組みにあえてしていますし、実際そのようなサービスに育っていけばいいな、と思っています。

このように、これまでにないサービスやビジネスを考え、それがお客様の役に立つということを目指していきます。それは金融に縛られない、さまざまな業種と連携した、あるいはいままでの銀行のビジネスを超えたところへのチャレンジになる、というふうに考えながら取り組んでおります。

坂本　目の前でお客様が言っていることにそのまま応えていくのは簡単なことのように思いますが、吉野さんや中田さんが先ほど述べられた顧客満足ではなく顧客本位であるためには、本当にお客様のためになるような対応を金融機関の職員各自が考えていかなければなりません。言われたことをそのとおりに対応するのはわかりやすく簡単ですが、各自が考え行動することは難しいものだと思います。顧客本位を目指していくなかで、本部と現場の関係をはじめさまざまな課題や悩みが出てきていると思います。京都信用金庫では、そのあたりはどうでしょうか。

中田　事業金融においては事業性評価という課題がありますが、それは本当に難しいと思います。融資先企業がこの時期にこの設備をつくるのがはたして妥当なのかを判断するのは難しいと思いますが、個人金融については、難しくないとは言えませんが、われわれ自身もバッジを外せば個人ですから、感じるところはあるはずです。

たとえば、自分の息子が年収の一〇倍の住宅ローンが通ったと言って満足しているとき、親としては、それはダメだと感じます。あるいは、自分の年老いた親がリスクの高い金融商品を買うと言ったとき、身内の感覚では、そのようなリスクをとる意味があるのかと疑問を感じます。しかし、お客様のなかには「いつもうちに来ている営業マンの言うことを聞いてあげればいいだろう」という感じで満足されている方もいて、それはお願い営業をしているのと同じです。われわれ自身の実感としてこれは正しくないということが見えてきているなかで、金融庁に言われたからということではなく、自分たちで正しいと感じるところを実行していかなければならないと思います。

顧客の利益を無視して仕事を続けていても、いずれどこかで頭打ちになってしまいます。金融緩和の影響もありますが、それは厳しい決算の様子を見ていればわかります。ですから、ここで変えなければいけないと考えています。

金融機関としての倫理と収益の両方の面で、やはりお客様の役に立つということがすべての源にあるということです。事業性評価に比べると顧客本位原則のほうが、職員間でいろいろと語り合いをすれば何をすべきかが見えやすいのではないかと思います。ただ、そこをもう一回きちんと徹底しようと、トップがビシッと言って、みんなが「そうだ」と思うような職場環境をつくらなければ、お客様には伝わりません。

数年前からそういうことをずっと言い続けていますので、環境自体は整ってきたと思っています。ですから、ここで「顧客本位の原則」を公表することは、お客様に対して出すという意味もありますし、職員に対して方針を明確にするという意味もあると思います。

坂本 ここまでの話から、銀行あるいは金庫の経営理念に顧客本位はすでにあり、その理念を浸透させるためにいろいろな努力をされている様子がうかがえました。個人金融の分野では、自分事として考えれば答えが出てきやすいとの話もありました。しかし、役職員が金融機関の業務のなかでお客様のことを自分事として考えるのは意外と難しいということが、現実のなかではあるのだろうなと思います。吉野さんと五島さんからお話がありましたが、朝の一〇分間のEラーニングや朝礼のなかで、またFFGではブランドブック、広島銀行では行動憲章を使って、自分たちに対する問いかけをしているということです。

私もFFGのブランドブックを拝見したことがありますが、大上段に構えたものではなく、自分とお客様との関係でこういうことを考えてみようとか、隣にいる同僚と昨日今日の行動はどうだったか考えてみようとか、とても身近な問いかけがなされています。この座談会に参加された方の金融機関では、共通して、そのような自らに対する問いかけを行うことに取り組んでおられるのではないかと感じました。

吉野　いまの話を聞いていて思ったのですが、中田常務が先ほど述べられたように、営業マンはどうすれば年収の一〇倍の住宅ローンを出せるかを前向きに考えると思います。それも必要だとは思います。また、営業マンにはその場その場でクローズしたいという気持ちがあります。それに対して、マネージャーである支店長クラスが、「自分の親父さんやお袋さんにこんな金融商品を売っていいのか」というように声をかけてあげなければなりません。それができるかどうかは、日常的に支店長と職員がどれだけ対話をしているかだと思います。

「お客様本位です」と念仏みたいに唱えるよりも、業務の現場で「本当にこの住宅ローンを貸してもいいのか。デフォルトするのは本人の選択の結果であればしかたがないけれども、家族にはお子さんもいて大変になるから、もっと金額の少ない身の丈に合ったローンにしたほうがいいんじゃないか」というようなことを支店長と職員の間で対話し、お客様にも話してみることがとても大切だと思います。

それは金融商品販売でも同じです。お客様は「広島銀行が説明する商品だから悪い商品ではないだろう」と思って購入するかもしれない。職員はお客様も満足しているからいいと思ったけれども、「ちょっと待てよ」と、「自分のお袋に売るのか」と言われたら、はっと気づくことがあると思います。むしろ、業務の現場では、そういうふうに言わないとわからないかもしれません。

理念も大事ですが、日常的な営業場面で支店長なり次席なりが職員にどれだけ語りかけているかが大切だという気がします。中田常務のお話のポイントは、そういうことではないでしょうか。

五島　そこは支店長にとってのぶれない「軸」が必要だと思います。支店長として組織の収益目標を掲げつつ、「目の前の収益よりもお客様のためになるかどうかを優先すること」を自ら実践できるか。部下に対してそれを腹落ちさせることができるか。具体的には、案件協議のなかで、常にぶれることなく、「それがお客様にとって本当によいことなのか？」と問いかけることができるか。場合によっては、「お客様に対して真の理解を促す」よう部下に指示できるか。そういう意味で、支店長の役割は非常に重いと思います。そのようなぶれない「軸」を持った支店長を育てていく、あるいは支店長にそのような行動を促す経営の働きかけ、指導がとても大事になってくると思います。

それぞれのお客様の人生のポートフォリオ

坂本　進行案では②に関係しますが、事業金融でいえば、隣の金融機関と金利の引下げ競争で顧客を取り合うのではなく、それぞれ自分たちの大事にする顧客をしっかりとケアして対応する。金利とは別の付加価値で競争しよう、理想的に言えば大事にする顧客を棲み分けして役割分担していこうというのが、近年の事業性評価や金融仲介における流れだと思います。

今回の顧客本位原則のなかでも当局文書の注として「自らの安定した顧客基盤と収益の確保につなげていくことを目指すべき」と、金融機関経営として当然のことが書かれています。なかなか容易ではないと思いますが、それぞれの銀行・金庫で、独自性がある、ほかとは違うサービスの実現について、どういうことを意識されているのでしょうか。

吉野　従来は退職金などで三〇〇〇万円ほどのまとまったお金を手にされたお客様に対して、定期預金から投信や保険へのシフトを働きかけるという取組みが主であったと思います。当初は投信や保険を持つお客様が少なかったので売れましたが、相応に販売もしてきて、高齢化が進んでいくと、相続のニーズが高まってきています。従来、銀行にとって相続は亡くなられた後に預金や融資の事務処理を適切に行うことがメインでしたが、もうそういう時代ではありません。広島銀行でいうと、去年から民事信託を使って、アパートローンなどの借り手に何かあったときにご子息が不動産の経営を含めて対応できるようなかたちのスキームを紹介しています。

いままで個人のお客様のバランスシートは現預金を中心に見ていましたが、やはり不動産も大事な要素です。しかし、アパートローンだけを目的にして見るのではなく、そのお客様のよりよいポートフォリオづくりという観点から考えなければいけません。本日この座談会の会場の同じフロアで相続不動産活用セミナーを開催していますが、そのゾーンのお客様に対して意識的に働きかけていくという取組みを行っています。

銀行では従来、金融商品を販売する人間は金融商品の知識しかなく、融資をする人間は融資の知識しかなかったのですが、お客様には両方のニーズがあるはずです。相続、税対応、資産活用などのニーズに対して、総合的に対応していくことが求められています。

今年は銀行全体で営業店を主体として三〇〇のセミナーを開催して、そういったニーズ発掘をしていこうとしています。民事信託、相続、不動産などさまざまな視点から、こんなことが起きていますがどうですかといったようにいろいろと情報を発信していくために、多彩なセミナーを展開しています。

資産形成層に対しては、ネット証券が強いところがありますが、そうはいってもフェース・トゥ・フェースで相談したいというニーズは必ずあります。しかし、どこに行けばいいかわからないという現実もありますから、たとえば市役所の近くの支店において、市役所の職員が帰りがけ五時半か六時頃に支店に寄ってｉＤｅＣｏの話を聞ける仕組みをつくりました。ネット証券はマスメディアで手数料の安さを訴えることができますが、われわれはそうもいきませんから、やはり資産形成層の方にもこのようにフェース・トゥ・フェースでセミナーや相談会を行っています。

また、職場積立NISAを二年前からつくり、会社と契約をして対応しています。一般的に職場積立NISAは給料天引きというイメージがありますが、中小企業で給料を天引きしましょうというと大変な話になりますから、そのかわりに契約した会社の職員のため専用のサイトをつくっています。職員の方はそのサイトを通じて、自由にノーロード型の投信を中心に購入することができます。いま地元の中小企業二〇〇社ほどに契約をいただいています。

坂本　いま金融庁は、高齢化社会のなかで金融面の課題は資産形成だけではないということも強調し始めています。相続の課題にどう対応していくかは、銀行にとっても重要なテーマだと思います。また、個々の金融商品ではなく、お客様のポートフォリオ全体を見ていくことは、本当の顧客本位につながります。金融機関の職員とお客様がともにいろいろと視野を広げる取組みをされているのは、とてもポジティブなことだと思います。

京都信用金庫では、お客様との関係のなかでどのように独自のサービスを展開していくかという点についてはどうでしょうか。

中田　京都信用金庫は、職員が一六〇〇人ほどで、顔と名前がみんなだいたいわかるという関係性があります。そこで共有化する価値観として、協同組織金融機関でもありますから、個人のお客様については「豊かな暮らしを実現する」「安心した生活を送ることを実現する」ことが、そもそものわれわれの事業の目的だということを明確にしています。

一人ひとりのお客様の価値観や幸せのありかたはさまざまであり、それは世代によっても異なります。いま吉野専務が言われたように、相続も事務ではないわけです。昔は相続税の話ばかりでしたが、いまは争いを除くことのほうが大事なように思います。高齢者であれば年金の受取りを遅らせたほうがいいのか、一時金でもらったほうがいいのかなどの問題もあります。お客様には、そういった問題を誰かに相談したいけれども誰もいないという方もいると思います。そういった相談が金融機関でできるのであれば理想的です。当金庫にも「個人特化店舗」がありますが、そこへ行けば本気でいろいろなアドバイスをもらえるとお客様に感じていただける存在にしていきたいと思います。

一人ひとりの幸せのありかたや課題はさまざまで、資産形成や資産運用はそれを実現するためのものですから、お金がからむ場面にいる金融機関として、それぞれのお客様の価値観を聴いて、それを実現するお手伝いをするということです。

京都信用金庫
中田高義氏

当金庫では、二年ほど前から、本格的には去年より、数値目標をなくしてきました。そのかわりに、「好事例」をみんなで共有しています。三年ほど前から、当時は非常勤職員も入れれば二〇〇〇人くらいの従事者のイメージで、「二〇〇〇人のクレド」という運動を展開しています。全店で九〇店舗、本部の各部も入れて約一〇〇ありますが、それぞれが三カ月に一度、その三カ月間のなかでお客様を感動させたと自分たちが思える事例を、みんなで議論して出すようにしています。それを役職員からメンバーを毎回抽出する委員会が見て、「これはいい」という事例を選んで、役職員の間で共有して、理事長がその店舗に表彰に行くというものです。続けていくなかで、一人ひとりのお客様に応じた対応をするという考え方が徐々に浸透してきたと思います。

また、今年からは営業店の数値目標をほぼ全廃しました。それでは何を評価するかというと、そういった好事例に焦点を当てています。タブレット端末の社内ＳＮＳに各支店長が「こういう取組みや出来事があった」と日々の業務での工夫や部下職員の頑張る様子などを出してシェアし、それをみんなが見てコメントを書き込み、やりとりしたり、「いいね」ボタンを押したりして、好事例の共有やコミュニケーションを図っています。半期に一回、そのなかから抜きん出たものを本店のホールで表彰します。そこには、各店から数人ずつ出てきて当事者の話を聞き、それを共有して各店舗に持ち帰ります。それが従来の優績店舗や優績者の表彰のかわりになります。

ただ、信用金庫の会員の代表である総代のなかには、「それは理想だとは思うが、それでは数字が落ちてくるのではないか」と、また、「そんな力量のある職員がそろっているのか」と、おっしゃる方がいます。最初の点については、われわれはこれを続けていく先にしか「三方良し」の世界はないという信念を持っていますが、もう一方の点については、職員をどう育てていくかという課題です。個人金融の場面でいえば、お客様のリテラシーの問題もありますが、職員のリテラシーの問題もあります。加えて、お客様の人生や幸せのありかたにまでいくと、金融以外のもっといろいろなことを違う角度から勉強していく必要があります。しかし、とにかくまずは、役職員が想いを一つにして、お客様の役に立つという価値観を追求していこうと思っています。

足元の数字は落ちていますし、お客様からも「君のところだけだな、期末にお願いに来ないのは」と言われたり、怒られたりもしました。しかし、そこはこらえどころだと思っています。われわれは三年前から、全店舗の看板のサインを変えました。それまでは「給与振込は京信へ」とか、「住宅ローンは京信へ」といった看板でしたが、それらを全部、外しました。かわりに、「創業開業のご相談は京信へ」としました。それは事業金融の場面で、過去の実績ではなく、これから先のことを中心として物事を考えるような融資をするというメッセージです。そして、その文化が定着してくるなかで、Ｗｉｎ－Ｗｉｎの関係のお客様の層はここだなと、一定程度見えてきました。

そういうことを積み重ねることによって、私たち独自の共通価値をつくっていく局面だと思っています。最初の頃、多くの支店長が「そんなんで大丈夫か」と本音では思っていました。最近それが少しずつ、この道を極めることのほうに意味があるなというように変わってきています。同時に、事務合理化によるスリム化や、バックオフィスの仕事を減らした分、職員をフロントに移し替えることも必要です。

個人金融の場面では投信販売目標もなくしましたので、数字はやはり落ちます。しかし、ここから逆に長期積立分散投資に適した顧客本位の商品を出していくことによって、信託報酬などが徐々に積み上がる方向にもっていこうとしています。そうすれば、Ｗｉｎ－Ｗｉｎになる可能性はあると思っています。時間がかかるかもしれませんが、そこから始めないといけないと思っています。

坂本　事業金融でいうと、横軸に融資の伸び方、縦軸に金利の落ち方を置き、各金融機関の状況をプロットした分析を、最近よく目にします。右下は、融資の量は伸ばしているが金利の低下が大きいところ、左上は、融資の量はあまり伸びていない、あるいはやや減少しているが、金利は低下していないところになります。金融機関によって、右下に向かうものと左上に向かうものに分かれ、ばらつきが出てきているとのことです。融資の量と金利の水準のどちらを重視するのか、それぞれの選択だと思いますが、定量的分析においても差異が出てきているということです。

五島さん、ＦＦＧにおける独自性への取組みについては、いかがでしょうか。

五島　金融において商品やサービスはそれほど差別化できるものではないと思っています。やはり、独自性としては、ここは自分たちがしっかりやるんだというところを明確に打ち出していくことが大事だと思います。すでにご指摘がありましたが、ある一つの資産とか、個々の運用商品に目を向けるのではなく、やはり将来設計も含めた資産全体の保全・運用をしっかりサポートすること、つまりお客様の人生に関わるすべての資産、バランスシートとどう向き合うかだろうと思います。そして、オーナー経営者の場合などは、個人のバランスシートと法人のバランスシートがありますので、この両方を見て一緒に話ができるような、そういうお客様との向き合い方を全行員ができるようにしていこうと考えています。われわれはそれを「総合営業」と呼んでいます。

相続や事業承継においては、法人のバランスシートと個人のバランスシートの両面を踏まえて課題を認識できるような財務、税務、法務などの知識、そして、そこをどう解決していくかというスキルが必要になります。それらをしっかりと磨こうということで、ここ数年、若い行員を中心にかなり鍛えてきております。そして、彼らが現場に出ていって、いま一生懸命に、お客様のところで活動に励んでいます。

しかし、知識とスキルだけでお客様が相談をしてくれるわけではありません。やはりそこには人間性といいますか、人格、あるいは広島銀行でいわれているような倫理、そういった規律を持った人間が知識やスキルを兼ね備えなければ、お客様からはご相談いただけません。もしそれがしっかりとできれば、多少の金利の差や手数料といった面からではなく、「あなたに相談すれば、自分のことをよくわかってくれているし、不安なところも気づいてくれる。そして、解決策を一緒に考えてくれるので、あなたに頼みます」と選ばれることになります。

要は独自性というよりも、お客様に選んでいただくためにわれわれ行員がどうあるべきかというところから逆算して、人材育成や組織づくり、人員配置、場合によってはシステムインフラ構築などにしっかりと取り組んでいくことが必要になります。そうしてお客様に対して、わかりやすく言えばワンストップでいろいろなソリューションを提供していこうということで、さまざまな施策を進めているところです。

脱数値目標における人材育成

坂本　五島さんの「選んでいただくためにわれわれ行員がどうあるべきか」という問いかけは、まさに進行案の③につながるもので、やはり「人材」が大事ということだと思います。「人間性」という言葉も使われていました。

なかなか大変なテーマですが、人材として望まれる素養やスキルは何か、どのように人材育成に取り組まれているかについて、可能な範囲でお話をうかがえればと思います。

吉野　二年前、昇格要件にＦＰ２級の取得を加えました。当行では、どちらかというと事業性、法人優位の文化が強く、財務諸表さえ分析できれば年金のことはわからなくてもいいというような文化でした。しかし今後は、財務諸表だけではなく、個人業務に関わる知識も身につけなければダメだということで、ＦＰ２級をとらなければ昇格できないかたちに変えました。ＦＰ１級のホルダーは現時点（二〇一七年八月）では二九〇名ほどで、中長期的に五〇〇名にしたいと考えております。

しかし、ＦＰ１級をとったからといって、それだけで仕事ができるわけではありません。知識を実践の場面で活かすために本部のプライベートバンカーがいますので、ケーススタディも含めて現場で案件を一件一件こなしていくなかでスキルを身につけていくものだと思います。そこで、「マイスター」という資格を設けました。「FPマイスター」と「資産運用マイスター」という行内資格をつくり、責任者になる前の、知識もあるしお客様への対応もきちんとできる行員に与えています。実績に加えて本部の室・課長あたりが面接して、ただ単にお願い営業をして収益をあげたわけではなく、知識に加えていろいろな対応がきちんとできる実践力を持っていることを何度か面接して認定しています。

マイスター資格の授与については、当行では全店支店長会議が年に二回あるのですが、その時にその若手行員に来てもらって、頭取から一枚一枚マイスター認定書を渡してもらいます。ただ勉強するだけではなく、実績を積み上げていくモチベーションになっていると思います。

坂本　五島さんは、福岡銀行において、営業推進や営業戦略を担当された後、現在まさに人事や人材開発を担当されています。人材の育成についてはいかがでしょうか。

五島　すごく難しいと思いますが、銀行の人事のありかたを変えていかなければいけないと思っています。FP資格の取得も一生懸命に進めてきましたが、さらに専門性を深く追求できる人材を求めていく必要があるのではないかと思っています。いわゆるプライベートバンキング（PB）、あるいはファミリービジネスという観点から、世代をまたいでしっかり寄り添っていくということを考えると、人材育成だけではなく、人事ローテーションも見直していく必要があると思います。

人事ローテーションを見直して、長く同じ仕事を続けて、お客様と長いおつきあいができるようにする。そのためには、処遇も含めて人事制度のありかたにも及んだ検討をしなければならないと思います。いま、一般的な銀行のキャリアパスには、全員一律の採用を行って、一律に教育して底上げをして、そして支店長になってというヒエラルキーがあります。これからは、おそらくそれとは別の専門性をもっと深く追求していって、本当の意味でお客様にずっと寄り添えるような営業ができる人をつくっていくことが必要だと思います。それがしっかりできていけば、いまのわれわれのようなゼネラルな層もそちらに引っ張られていって、全体の底上げにもなっていくのではないかと思います。今後は、いままでのような一つのキャリアパスで人材育成を進めていくのは難しいと思っています。

坂本　京都信用金庫では、いかがでしょうか。

中田　われわれもいろいろなセミナーを開催していこうとしていますが、従来は、司法書士や税理士に来てもらったり、運用機関の人に頼んで金融商品のことを説明するというやりかたでした。今後は、こういうかたちではダメだと思います。やはりお客様に対して、自分の言葉でしゃべれる人間を育てなければいけないと思います。

民事信託の話も出ていましたが、たとえば、お客様が公正証書で遺言を作成する意向を持たれたとき、法律に基づき遺言書を作成できたとしても、自分が死ぬのが二〇年後だとしたら、その時に誰が自分の遺族に対してきちんと話をしてくれるのかという課題については、知識の提供だけでは十分に応えられないわけです。そういう問題に対して、京都信用金庫としては二〇年後もお世話をできますと自分の口で言わなければいけません。単に専門家を紹介して「ここでやられたらどうですか」と言うわけにはいかないと思っています。専門的なことにも対応できる人材は確実に必要で、現状ではそこが欠けていると思います。そうした人材の育成に取り組んでいきたいと思っています。

ＦＰ資格の取得者も、当金庫ではまだまだ少ないので、増やしていかなければいけないと思います。若い人の個人業務への関心は高くなっていて、大学の頃からそういった勉強をしている人もいます。経験の浅い三、四年目あたりの職員は、ＦＰの知識の大事さがわかっています。しかし、四〇代後半や五〇代のあたりはまだ昔の文化のなかにいますので、腹落ちしていない、あるいは新たなことを勉強しようという気が起きないというところがあります。支店や業務のリーダーであるその層をどうするかが重要です。若い人たちのほうが、これまでのやりかたに染まっておらず、柔軟性があるので、新たな対応が必要な業務については、意図的に若返りを図らなければいけないのかなとも思います。

支店の運営に関していえば、数値目標を外すなかで、好事例をたくさん出し、業績もあげている店舗には、うまくいっているなんらかの要因があるわけですから、その支店の暗黙知を広く共有して形式知にしていきたいと思い、最近、そのような支店の全職員にインタビューを行いました。すると、そうした支店の支店長は、部下に優しく、チームワークを大事にするということがわかりました。「お客様のために」という思いがとても強くて、仲間の職員に優しい支店長は必ず成功します。自分は仕事ができるということだけではダメで、助け合いをしなければ業績はあがらないということだと思います。それを両立できる人は少ないのです。

チームを大事にするようなリーダーシップを発揮できる人間を増やしていかなければいけないということです。特に数値目標をなくしてしまうと、そういうものがなければ何をゴールにして仕事をするのかがよくわからなくなってしまいます。みんながそういう価値観を持つようにしたいと思います。

坂本　エンパワーメント（権限委譲、ひいては組織の構成員の一人ひとりが発展や改革に必要な力をつけること）ができない人は、自分は絶対に部下よりも偉い存在でなければならないとか、部下は自分のために働くものだと思っている人で、逆にエンパワーメントができる人は、部下の成長が自分の喜びであるという人だということを、コーチングを学ぶときに聞きました。人材についても、やはり求められることが変わってきているのだと思います。

「ありかた」にあわせた組織・仕組みづくり

坂本　進行案の④になりますが、組織の体制や権限、業績評価や人事評価については、どういうふうに考えて対応されていますか。

吉野　組織体制ということでは、以前は個人営業部のなかに個人ローンと金融商品販売の二つがあって、PBもそこに含まれていましたが、これを個人ローン部とアセットマネジメント部に切り分け、個人業務を強化していくことにしました。そうすることによって、営業店に対しても、銀行がお客様の資産形成や資産運用に関する業務を強化していることが明確に伝わっていると思います。もっと明確にいえば、バンキング業務とアセットマネジメント業務という言葉を銀行のなかで使い、この二つを当行の戦略の大きな柱と位置づけて組織を変えていっています。

広島銀行
吉野勇治氏

以前は、金融商品を扱う担当業務を「マネーコンサルティング」と呼んでいました。つまりマネーをコンサルする、金融商品を売るということでしたが、それを「コンサルティングアドバイザー」（CA）という呼称に変えました。不動産も含めてお客様のすべての相談に応じるという趣旨です。以前のマネーコンサルティングは女性が大半でしたが、いまは男性のCAが増えてきています。組織体制としては、相続あるいは不動産活用も含めて総合的に提案していくという風土に変えてきていて、少しずつではありますが成果が出てきていると感じています。

若い職員の層はローンや不動産活用の面の知識はまだ不十分ですが、そういう観点からもお客様の状況を把握する必要があるという意識は広がっています。たとえば、アパートローンのお客様はおおむね相続対策をしている方ですので、ローンの担当者は相続が発生した際に備えて家系図をもらっています。そこにはお客様の親族関係がすべて記載されていますから、CAがそれを見ると、保険の商品も提案できることがわかります。隣の部で行っているローン関係の仕事から、自分が担っている仕事に役立つ情報や知識がたくさん得られるということに気づいてくれて、CAも少しずつですが、マネーだけではなく不動産等を含めての提案ができるようになってきています。

業績評価も以前は収益が柱でしたが、だんだんと預り資産の残高や基盤の件数に比重を移しています。今期のいちばん大きな変化として、セミナーの回数も業績評価に組み入れました。営業店にとってセミナーの開催は負担ですが、支店長や課長が自分でお客様に話をすることは大切です。管理職はともすると部下に振っておしまいにすることが多いのですが、支店長がセミナーの冒頭で一〇分でも二〇分でも話をすると、若い行員が「この支店長は勉強をしている」と気づきます。それはお客様のためだけではなく、行員に対して支店長が変わってきていることを伝えるという意味でも重要です。

アセットマネジメント業務の重要性を強調するかたちで組織を変えていっているという話をしましたが、五島常務からも指摘がなされたとおり、当行の人事体系もまだ旧態依然としていて、どちらかというとバンキングが中心です。一般行員が課長、次席、次長、副支店長、支店長と昇進していくときに、事業性融資ができなければ上に上がれないわけではないけれども、ともするとそういう雰囲気になっている面はあります。それではダメなので、いま、人事体系そのもの、キャリアパスも変えていこうとしています。こういうポジションで自分はこういう仕事ができるというものを持ってもらわないとダメだと思っています。人事体系やキャリアパスを変えていくことは、頭取以下すべての役員が認識していますから、どういうかたちになるかはわかりませんが、本年度中には始めていきたいと思っています。

坂本　セミナーの開催数そのものより、その場で支店長が自分で考えて話すことによって、部下職員の気づきになり、お客様の反応もわかるというのがポイントですね。五島さんは、銀行の組織体制や仕組みについてどうお考えでしょうか。

五島　自分が所管している部のなかにクオリティ統括部というのがあります。ここには大きくいうとコンプライアンス部門とサービス品質の向上に取り組む部門があり、ルールを守るとともに、お客様に高品質なサービスを提供するという、二つのミッションを持っています。これまではどちらかというと金融商品取引法の遵守等のコンプライアンス面に比重が置かれていましたが、これからはサービス品質を向上させていく面のウェイトを高めていこうとしています。

また、やはり営業店の業績評価や個人の人事評価において、お客様本位の業務運営・営業をしているかという観点を、もっと色濃く出していこうと考えています。特にわれわれは行動特性、いわゆるコンピテンシーに基づく人事考課・評価を行っていますが、そのコンピテンシーと、先ほどから申し上げている「あなたのいちばんに。」というブランドスローガンと三つのコアバリューをもう少し明確に結びつけていきたいと考えています。要するにブランドブックを毎日見ながらしっかりと実践すれば、評価も上がるということがわかるようなメッセージを出していきたいと思っています。

それから、資産運用先のお客様にアンケートをお願いしていると申し上げましたが、その対象をさらに広げて、法人の事業性評価先、あるいは店頭でもお客様の声を拾えるようにして、その結果を組織や個人の評価に反映していくことを考えています。そうすると、行員も従来以上に「お客様に寄り添う」方向に動機づけられるものと思います。

坂本　コンプライアンス的な品質管理は一つの物差しというか、きつい言葉で言うならば統制的な対応で実現できますが、サービス品質の向上には、担い手の動機づけが欠かせません。それは一つの物差しや一つのヒエラルキーでは実現できませんから、難しいところだと思います。ＦＦＧにおいては、担い手の動機づけを含めて、サービス品質の向上に取り組まれているということですね。

後半のコンピテンシーとコアバリューを結びつけていくとは、どのようなイメージでしょうか。「傾聴力」「対人関係構築力」「論理思考力」といったコンピテンシーに、FFG独自のDNA、価値観や使命感を入れていくというような言い方もできるのでしょうか。

五島　現在、人事評価は、一五種類のコンピテンシーが日頃の行動に現れているかという観点で評価しています。大きく括ると、①取組姿勢、②思考、③業務遂行、④対外関係、⑤マネジメント、の五種類です。これを、「あなたのいちばんに。」を実現していく三つのコアバリューとひも付けしていこうと考えています。たとえば、コアバリューのうち「いちばん頼れる」行動を評価軸とすれば、人間性、知識・経験に裏打ちされた引出しの多さなどが評価される。それは、われわれのコンピテンシーでいえば、①～⑤のそれぞれに、誠実性、情報収集・活用力、分析力、先見性などとして含まれています。したがって、行員は常に「あなたのいちばんに。」を行動の軸として実践することで評価されるとともに、その奥にあるコンピテンシーも意識せずとも磨かれていく、ということになるわけです。

ただ、それはなかなか定量的には計測できないと思います。基本的には、上司が日々の行動のなかで見ていくものです。定量的に行う方法としては、お客様アンケートやお客様の声で担当者への評価を回答いただき、「お客様満足度」を見える化することはできるのではないかと思います。

坂本　組織体制や業績評価・人事評価というテーマでは、どうすれば職員のやりがいを高めていけるかが難しいところだと思います。京都信用金庫では、そのあたりを含めていかがでしょうか。

中田　いまちょうど数値目標をほぼ全廃した後の最初の評価をしようとしていますが、いろいろと悩んでいます。事業金融でも個人金融でも、顧客本位の仕事をしていくことを評価軸として、それに適う好事例を見出して、みんなで共有し、各自が行動に移そうとしているなかで、相対評価はやめて絶対評価にします。今年はその事実上の初年度です。

「普通」「期待以上」「感動」という三段階で評価をしていこうと考えています。基準は、仲間をサポートした好事例、お客様を巻き込んで感動を与えたような好事例があったかどうかです。先に述べたように優績店舗表彰式はやめて、金庫のホールに各支店から職員が集まり、好事例の当事者が語るお客様とのストーリーを聴く会を設けるなど、「期待以上」「感動」につながる動きを試みています。これも数値化できませんから、役職員自身が行動を通じて表現していく必要があります。

あわせて、この四月（二〇一七年）の組織改編で、金融機関としてのサービスや業務ごとに部を設けるのではなく、顧客層に応じた部のつくりとして、事業法人系では創業支援部、企業成長推進部、苦闘している先の経営改善支援も担う融資部、個人でいえばくらしのサポート部といった組織を立ち上げました。また、本部部長などを兼務あるいは担当する役員を減らして、支店長と一緒にお客様にしっかりと対応する地域本部長という役員を増やしました。その地域本部長が支店から出された好事例を見て評価します。

これまでは、各種収益や顧客基盤などの項目ごとに点数をつけ、店舗の評価はその合計点で決まっていました。こうした点数主義は顧客本位の業務展開には向かないので、徐々にやめてきましたが、今年から完全に評価の仕方を変えていきます。それで支店長がどう反応するのかはこれからです。まずはやってみようということです。

ただし、いくつかの店舗でグループをつくり、グループごとに顧客数を意識させるということはやっています。本業支援の場面、あるいは個人顧客へのアドバイスの場面でも、少人数よりも多人数で考えたほうがいろいろな知恵が出やすい、地域の情報が集まりやすいという面があるからです。そのようなグループ単位の数値を全体の評価にどう反映させるかですが、いまのところは加味しない方針です。数値は活動の結果であって、数値よりもプロセスを大事にしようということです。そうはいっても、足元の数字が下がってくるなかで、「ちょっと待てよ」という意見があるのも事実です。しかし、今年は大きな転換に舵を切った年ですから、当初の考え方どおりでいこうと思っています。

吉野　事業金融では収益は量×利回りで決まりますから、融資の量は伸びていなくても利回りが下がっていないなら、利益はそう落ちていないのではないでしょうか。そういう選択は、なかなかできないことだと思います。

また、数値目標を出さないとなると、アナログ評価をしなければなりません。ですから、営業現場に密着して評価をしながら、指導もしていく役回りが必要になります。それが地域本部長ということだと思います。

組織文化を耕す社内コミュニケーション

坂本　皆さんそれぞれの戦略の変化にあわせたかたちで、組織のつくりや評価体系等を有機的にうまくつなげながら変えていこうとされていることが印象的でした。これとかなり重なってしまうかもしれませんが、進行案の⑤、顧客本位を実現していくために組織文化を耕す取組み、社内コミュニケーションの活性化という点については、いかがでしょうか。

金融庁の顧客本位原則のなかでも企業文化という言葉が出ていますし、金融行政方針のなかでも組織文化という言葉がキーワードとして使われ、働く職員のやりがいという言葉も出てきます。本質的であるがゆえに、言うは易く行うは難しですが、いかがでしょうか。

吉野　これまで説明してきたように、お客様の利益を実現することをいちばん大切にする文化を定着させるために、広島銀行としては一丁目一番地の倫理規定を改正し、組織改編を行い、個人業務の位置づけを明確にしたわけです。

最近、印象的な出来事がありました。商品を売るのではなくコンサルティング営業をしていこうという趣旨を徹底するために、今年（二〇一七年）二月頃に相続ビジネスについて副部長が会議で説明しました。そのなかで頭取が一〇分くらい、二〇一五年から相続税の基礎控除がこう変わり、相続財産が小規模宅地であればこのような特例が適用されるといった話をいくつかしました。そして、経営者は税金に敏感なので、自分はこういった話をいつもお客様にしているし、支店長もこの程度の話はできなければいけない、具体的な商品内容は担当者が説明するということでいいが、支店長は顧客の視点に立ち、全体を俯瞰した知識を身につけなければいけない、と言いました。

そんなこともあって、支店長のための研修を行うことになりました。これは強制ではなく、自らプレゼンできるようになりたい支店長は手をあげてくださいというものでしたが、多くの支店長が自発的に手をあげてきて、研修は一回では終わりませんでした。研修では、支店長にロールプレイングもしてもらいました。頭取がアセットマネジメント業務についてここまでの意欲と知識を持っているのに、支店長が持たなくてもいいのかと言ったら、かなり雰囲気が変わりました。

やはり、トップ自らのアセットマネジメント業務への姿勢で、組織の風土が変わってきたという気がします。支店長研修でもいろいろと取り組み、みんながコンサルティング業務についてかなりの意識を持つようになっています。支店長が変わるとおのずと下が変わってきます。支店長研修は、今後も定期的に実施していこうと考えています。支店長が頭取のいうような話ができる体制をつくっていくと、支店が全体的に自然と変わっていくという気がしています。

アセットマネジメント業務の基礎となる素養についていえば、お客様に良質なコンサルティングサービスを提供していくためには、税制等の世の中の変化にあわせて担当者が常に新しい知識を吸収していく姿勢が必要だと思います。融資においては、バランスシートや資金繰り表の見方、ローン契約の組み方などは基本的に変わりませんので、融資業務は一度マスターすると忘れません。一方、個人のコンサルティング業務では、個人の資産に関係する税制や生活をとりまく環境が大きく変わっており、常に知識をブラッシュアップしていく必要があります。そういう意味で、バンキング業務とアセットマネジメント業務は、お客様最優先は共通ですが、スキル的にはずいぶん違うような気がします。

金融商品の取扱いをしていた職員に法人融資を半年経験させて、「前の店で金融商品業務を経験し、この店で融資もできるようになったのだから、これでもう今日から両輪がそろったね」と言ったら、「いや、片方の車輪は錆びて使えません」と言われました。FPの研修などは継続的に実施していく必要があると思います。

組織文化の面でもう一つ申し上げるとすれば、FFGにおいては「あなたのいちばんに。」というブランドスローガンを打ち出されているというお話でしたが、当行では先述のコンサルティングアドバイザー（CA）とともに「CAFY（キャフィー）（Consulting Advisor For You）」という言葉もあります。最初からCAFYというとちょっと浮ついた感じがしますからまだ使っていませんが、「あなたのために私たちはコンサルします」ということで、CAという言葉が定着してきましたから、そろそろＣＡＦＹを前面に出していければと思っているところです。実はＣＡという名前をつけるときから、ＣＡＦＹをイメージしていました。常に「あなたのために」という言葉が出てこなければいけないのではないかと思います。そうすると変わってくると思います。

五島　組織文化に定着させること、ここがいちばん難しいのではないかと思います。とにかくＦＦＧとしてはブランドスローガンの「あなたのいちばんに。」と三つのコアバリューである「身近で、頼れて、先を行く」を社内の標準語とし、この言葉を言えば全員がこういうことだとわかるようにしていくことが大事だと思っています。

朝礼の動画に始まり、終礼でもブランドブックをしっかりと読むようにしています。最近はお客様本位の営業ということで、「いつも自分がお客様だったらと考えよう」といったＦＤ実践の心構えを具体的に書いた冊子を営業店に配り、それらを一体として取組みを進めて、定着させることが重要だと思っています。読むだけではなかなか身につきませんから、先ほどの京都信用金庫でのお話のように、お客様との触れ合いのなかで感動した事例をみんなで思い出してみるといった取組みも行おうと考えています。

福岡銀行
五島久氏

マスコミ報道などに銀行の商品販売に対する批判や疑問が掲載されたりして、銀行業界として「自分たちの営業はお客様本位ではなかったのではないか」という反省モードもあります。

良くなかった点は反省する必要がありますが、しかしすべてがそうではない。これまでの営業においてお客様と感動を共有できたこともあるし、われわれだってお客様のために一生懸命にやってきたじゃないかと。それをもう一度思い出して、共有し、自信を取り戻すような取組みも交えながら、「真の顧客本位の営業」を目指していきたいと思っています。

役員がそれぞれ担当地区を持っていますが、各地区の支店に出向いて行って、自分の言葉で「あなたのいちばんに。」を話しています。私の場合はあえて小さい店にまず行って、そこで行員一人ひとりと膝を突き合わせて話をします。そのほうが伝わりやすいし、お互い共感しやすいので、そういうこともいま実践しているところです。

多少飛躍するかもしれませんが、組織文化の耕しに関しては、組織のなかで多様な人材の活躍を促進すること、つまり、ダイバーシティの取組みに話が及ぶものだと思います。ダイバーシティといえば、女性の活躍推進にスポットが当たりがちですが、そこにとどまらず、組織文化を変えていくためには、シニア、ミドル、若者、それに加えて男女間の意識のギャップが銀行の組織内にいまでも存在しており、これらのギャップを解消することが、ダイバーシティの取組みとして必要だと思います。たとえば、若い人たちは社会貢献に非常にやりがいを感じるといわれています。そういう人たちに対しては、地域金融機関が地域の金融インフラを担っていて、地域金融機関がしっかり機能を果たしてこそ地域の発展もある、というような話をすると、とても共感してくれます。一方で、会社永続のためには収益をあげなければいけませんが、収益をあげる、そして、さまざまな事業展開を通じて地域に還元していく、というところに、うまく結びつけていくことが必要です。そういう地域金融機関としてのありかたやお客様への向き合い方、そして「お客様本位の営業」について、シニア、ミドル、若者、女性といったさまざまな従業員層に対して、どういうふうに話してモチベーション向上につなげていくかは、ダイバーシティの取組みを推進することとほとんど重なるな、と思います。

FD宣言に関しては、公表した取組方針に加えて、われわれが目指している行動はこういうことだと行員にわかりやすく伝えるための「心構え」を行内で作成しています。「お客様のお役に立ちたい」と思い続けること、「聴く」「知る」「話す」力を日々磨き続けるためには、どういう姿勢と気持ちで同僚の仲間とともに仕事に取り組んでいくか、ライフプランやライフステージに沿って大切な資産を管理するお手伝いをしていくことが、結果として投資や消費のかたちで地域経済の活性化につながることなどを、みんなで共有するものです。

何となくいまの風潮だと、社内的にも、手数料は安いほうが良い、あるいは手数料をいただくことや金利をいただくこと、銀行が収益をあげることをネガティブなイメージでとらえるような誤解が生じるのではないかと、ちょっと気になります。地域の活性化に貢献するために、お客様本位で正しい営業をしたうえできちんと収益をあげていくことが大事だということも、同時に伝えていかなければいけないと思います。渋沢栄一の著書に『論語と算盤』があります。論語と算盤はかけ離れているようですが、それを一致させていかなければ企業として持続的ではないと、さまざまな場面で話していきたいと思っています。

中田　いまのはいいお話で、われわれもFD宣言を出したら、それを噛み砕いて説明した職員向けの文書をつくらなければいけないと思いました。

お客様本位の組織文化を定着させるため、いろいろな好事例の共有に取り組んでいるわけですが、そのなかで私の記憶に残っている事例をいくつか紹介したいと思います。

当金庫では、職員が窓口でお客様と話をすると、その会話の内容をコンタクト履歴に残すようにして、そのお客様とのやりとりの経緯がわかるようになっています。ある店では、それを一週間に一回まとめてみて、何かお客様の役に立てることはできないかと議論しています。ある時、お客様がパートに出るようになって、いろいろと大変なのでいままでかけていた自分の保険もやめようと思っていると聞いたので、どうしたのかとおうかがいしたところ、ご主人が病気をして働けなくなってしまったという話が履歴に残っていました。

そのお客様のご主人は私どもの住宅ローンの利用先だったので、支店内で、団体信用生命保険の適用になる可能性があるという意見が出ました。そこで、お客様のところに行って症状を聞き、それを本部に伝えたところ、本部も反応して保険会社と検討し、結果的に保険がおりて住宅ローンは全額返済になりました。もちろん住宅ローンの残高が落ちることになりますが、金庫としてはそれでもお客様の利益を優先して仕事をすることが大事だというメッセージとして、本事例を表彰することとしました。たとえば、このような取組事例を広めていき、「そういう仕事の価値観なのか」ということを共有するようにしています。

もう一つ、当金庫で長年にわたって取引させていただいていた高齢のご夫婦がいまして、ご主人が余命それほど長くはないので預金の整理をするということで、相談に乗っておりました。そのうちだんだんと悪くなられて亡くなられ、息子さんと未亡人の奥様が最後の手続に来られました。担当していたのは小さな店でしたが、最後にそのお客様が帰られる時に支店長が出ていって、「ありがとうございました」と言って頭を下げたあと、お客様を見ると、お客様がこちら側をずっと見ておられました。何だろうと思って後ろを振り返ってみたところ、誰から指示されたわけでもなく職員全員が立って頭を下げていたということです。こういう気持ちも大事だということで、表彰することになりました。

こうした事例の共有を通じて、お客様本位の考え方を職員に浸透させようと努力しています。もう一歩進んで、われわれの思いが仕事のなかでお客様に伝わり、お客様の声として返ってくることがあれば、お客様からいただいた声ということで外部に紹介してもいいかと思っていますが、いまのところは金庫内での共有としています。

また、事業性の場面と個人のくらしの場面の両面で、マッチングにはかなり力を入れて取り組んでいます。本部は介入せず、営業店の間で自発的にやりとりしてもらう取組みです。ただ、本部はできるだけ褒めることだけはしようということになっています。

くらしのマッチングの例をあげれば、ある店の窓口の女性が、金庫の社内ネットの掲示板に、「八〇歳女性のお客様が最近暑いせいか食欲がないそうです。もともと食にあまり興味がなく、最近は昼ご飯も食べていません。スーパーのお総菜を買えば楽だけれども、自分でつくりたい。ただし、油っこいものは絶対に嫌だとのこと。自分で簡単につくれてあっさりしたレシピをご存知でしたら教えてください」というメッセージを一一時五〇分に流したところ、全店でそれを見ていて、一二時台にかけて、「私のおばあちゃんはこうだった」とか、「こういう料理があるよ」「これも栄養があるよ」といろいろな情報がバーッと出てきました。

こういうことを毎日やっています。短時間でかなりの情報が集まるのですが、別に専門家に聞いているわけではなく、職員が自分で感じることや、時にお客様から教えていただいたことを出しているのです。そういうやりとりが全店で見られるようにしており、理事長を含めて役職員が思い思いに「いいね」をクリックするようになっています。

ビジネスマッチングも約八年間、社内ネットの掲示板を使った同じやりかたで続けています。本部はいっさい介在せず、営業店同士でお客様をつなげていくやりかたで、お客様にもかなり浸透してきています。ある店が「当店取引先のある会社は現在受注が多く、板金加工ができる外注先を探しています。タレパンかレーザー加工機を保有している該当先があればご紹介いただければと思います」と書いたところ、二時間後からレスポンスが集まり始め、結局、今年七月にオープンしたばかりの東大阪支店の新規開拓先とのマッチングが成立しました。東大阪支店では、スーツではなくワーキングジャンパーを着て、企業の経理だけではなく、製造現場に行って、「何かお役に立てることはありませんか」と会話をする手法で仕事をしています。

全体のつながりのなかで考えていくこと

坂本　皆様のご配慮でこの座談会を進めることができました。オーソドックスな観点からいえば、今日の話では手数料のことが全然出てこなかったではないかという向きもあるかもしれません。いくつかの金融機関の取組方針において、「手数料についてはどのようなサービスの対価なのかをお客様にきちんとお話する」としています。一般的に手数料は高いよりも低いほうがいいとは思いますが、低ければいいというものでもありません。金融庁も手数料をとってはいけないとか、こういうように低くしなければいけないとは言っていません。お客様とどういう関係を持ち、どういう価値を提供できるのかということと手数料の話が関係してくるのであって、手数料の部分を取り出して開示したのだからいいというわけではないと思います。

実は今日の進行案の①〜⑤は、吉野さんはお気づきになられたようですが、「7S」のフレームワークに沿って組み立てたものです。ハードの3S（戦略、組織、仕組み）は変えやすいけれども、それが経営理念を中心としたソフトの4S（経営理念、人材、文化、スキル）につながらないと結局はうまくいかないということです。

こういうつながりの全体像を見て、経営陣から話を聞いて、現場にも行って、頭取や役員の話と、職員の意識の方向性や現場での行動は、合っているのか、言っていることとやっていることがずれていないか。全体像を見て、有機的なつながりの状況をフィードバックして共有する。金融機関とそのようなスタイルの対話をしていくことが、これから先の金融庁のありかたではないかと私は思います。

三人のお話を聞いていて、ハードの面とソフトの面の双方を考えながら取組みを進められているものと思いました。このように全体像をとらえて取り組んでいくことが大事だと実感しました。

（本座談会は二〇一七年八月に行いました）

これからのありかたを考えていくための問い

この章の三つの地域金融機関における取組みの内容を参考に、あなたの金融機関の顧客本位の業務運営の取組方針について、中期経営計画等の経営方針との関係や組織運営全体のつながりのなかで、結びついていないところや不足しているものがないか、考えてみてください。

[参考]

〈広島銀行〉

・広島銀行の行動憲章
http://www.hirogin.co.jp/ir/profile/kodo_kensyo/index.html

・経営計画「中期計画２０１７」
http://www.hirogin.co.jp/company/management_plan/index.html
http://www.hirogin.co.jp/ir/news/paper/news170323-1.html

・お客さま本位の業務運営の実践に向けた取組方針
http://www.hirogin.co.jp/rules/kokyaku_honi.html

〈福岡銀行〉

・ふくおかフィナンシャルグループ・グループビジョン
https://www.fukuoka-fg.com/vision/01.htm

・ＦＦＧディスクロージャー誌「あなたのいちばんに。編」（二〇一七年三月期通期版）
https://www.fukuoka-fg.com/investor/data_disclosure/2017-2/data_all.pdf

・ふくおかフィナンシャルグループ・お客さま本位の業務運営
https://www.fukuoka-fg.com/company/custmer_oriented.htm

〈京都信用金庫〉

・21世紀のコミュニティ・バンクとして（二〇一七年版ディスクロージャー誌の抜粋）
https://www.kyoto-shinkin.co.jp/pdf/d17-003.pdf

・本部組織の改革のお知らせ
https://www.kyoto-shinkin.co.jp/whatsnew/pdf2017/n17-0010.pdf

・しあわせづくりサポート宣言
https://www.kyoto-shinkin.co.jp/whatsnew/pdf2017/n17-0290.pdf

第5章

フィデューシャリー・デューティーと独自のビジネスモデルの探求

第4章まで見てきたとおり、顧客本位の業務運営で目指すべきことは、「自らのありかた」に基づき独自のビジネスモデルを示すことです。経営理念や事業戦略とビジネスモデルが結びつき、組織体制や業務運営の仕組みも変えながら、根本にある組織文化や人材力を高めていく。そこまでいってはじめて、口先だけではない本当の行動になります。金融庁の顧客本位原則への表層的な対応ではなく、自社の経営そのものへの問いかけから動いていくことが必要なのです。

第5章では、銀行・証券・保険の各業態において、独自のビジネスモデルづくりにどのように取り組まれているのか、そのなかで役職員一人ひとりに問われているものは何かを見ていきます。

この章は、ご協力いただいた三社の公表資料や取材内容等をもとに坂本が執筆したものです。

みずほ銀行

One MIZUHOの顧客本位に基づく最適なサービスの提供

みずほフィナンシャルグループ（以下、みずほFG）は、「〈みずほ〉の企業理念」において、「お客さまの中長期的なパートナーとして、最も信頼される存在であり続ける」ことをビジョンとして定めるとともに、ビジョンの実現に向けて、「お客さま第一」をはじめとした五つの価値観・行動軸（みずほValue）をすべての役員と社員で共有している。二〇一六年度からの中期経営計画「進化する〝One MIZUHO〟～総合金融コンサルティンググループを目指して～」においては、「お客さま第一（Client-Oriented）」をさらに徹底し、グループ全体で最高のコンサルティング機能を発揮することにより、あらゆるお客さまに対し、最適なソリューションを提供し、お客さまの安定した未来のためのOnly Oneのパートナーとなることを目指していくとしている。

みずほFGは、金融庁が顧客本位原則を公表した同日に、同原則の採択と、二〇一六年二月に策定したフィデューシャリー・デューティー（以下、FD）に関する取組方針の改定を公表した。また、FDをグループ内で浸透させるため、リテール・事業法人カンパニー担当役員が職員へビデオメッセージを配信し、〈みずほ〉としての決意や具体的な取組事項の全体像を語っている（その一部はみずほFGのホームページ上で公表されている動画で見ることができる）。その冒頭、「FDへの取組みに関し、〈みずほ〉としてどのように考え、どのように実践していこうと考えているのかについて、私から直接、皆さんにお話をさせていただきたい」として、次のような言葉で始まっている。

「資料の説明に入る前に、皆さんにお尋ねしたいと思います。ご家族や親しいご友人から「将来のために資産運用を始めたい」という相談を受けたとしたら、皆さんはどのように対応するでしょうか。おそらく、余裕資金の状況や運用時期等を踏まえながら、相手の立場に立って時間分散や資産分散等のアドバイスをすることでしょう。お客さまに対しても、ご家族やご友人と同じことをして差し上げる、それがフィデューシャリー・デューティーの本質であり、決して難しいことではありません」。

お客さまの立場に立ったコンサルティングにより、適切な提案を継続的に実施すること、サービス業として「当たり前のこと」を「当たり前のこと」として実践すること、法人・個人の顧客対応をしている担当者に限らず、全役職員で取り組んでいくことが、強調されている。

そして、まずFDの実践の前提として、人口減少の進行や平均寿命の長期化あるいは今後の社会保障制度の動向やインフレの可能性等を考慮すれば、それぞれの個人が豊かな人生や老後のために〝貯蓄から投資・資産形成〟を進めていく必要性があるという、社会背景や国民全体としての課題を共有する解説がなされている。そこで、みずほFGとしては、従来は〝投資はお客さまの自己責任〟の意識にとらわれすぎたところがあったが、今後は「お客さまの中長期的な金融資産の増大を後押し」していくと、〝お客さまの資産の増大〟に向けて適切に関わっていく姿勢が明示されている。

これまで顧客の資産運用残高が伸び悩んでいることに関しては、金融機関の営業姿勢に対する指摘、たとえば、属性・ニーズに関係なく提案順序を事前に決めている（売れ筋商品から提案）、（手数料稼ぎのための）回転売買が見られる、毎月の資金受取ニーズがない顧客にも毎月分配型の投資信託を販売している、アフターフォローが不十分、といった批判がある。そのような声を真摯に受けとめ、顧客の中長期の安定的な資産形成に向けた取組みの全体像が示されている。

みずほFGの取組方針として、「お客さまニーズに適した商品ラインアップ」「お客さまへのコンサルティングを通じた投資商品の提供」「お客さまそれぞれのゴールの実現に向けたアフターフォローの実施」「お客さまが安心して安定的な資産形成を実現するための基盤の構築」があげられ、そのための金融のプロとしてのスキルアップや人間力の向上の重要性が繰り返し述べられている。そして、FDに関するお客さまの目線は高まっており、その期待に応えられない金融機関は生き残っていけない時代が到来していること、みずほFGとしては、自らの実践状況をお客さまに見える化し、お客さまに選ばれることで、FDの実践を通じて業績の伸長に取り組んでいくと語られている。

ここでは、みずほFGのFDに関する取組方針と、その実践に向けたアクションプランについて、二〇一七年度の中間取組状況（二〇一七年一一月公表）を交えて、販売機能における取組みを中心にポイントを見ていく。

One MIZUHO（銀行・信託・証券一体）と顧客ニーズに応じた対応

みずほFGとして幅広い顧客のニーズに応えていくため、販売機能を担うグループ会社（みずほ銀行・みずほ信託銀行・みずほ証券）が一体となって総合金融コンサルティングサービスを提供しているなかで、それぞれの役割分担について、図5―1のように、顧客ニーズに応じた対応を示している。グループ各社の既存の組織と現状の顧客を前提にするのではなく、顧客のニーズに応える機能を有する会社が最適なサービスを提供していくということである。

商品戦略の転換

このような考え方のもと、銀行・信託・証券が有するリソース・機能を活用して、顧客のライフプランや運用経験、ニーズ（運用ニーズ、承継ニーズ）にあわせた提案をグループベースで行えるよう、図5―2のように顧客のニーズに適した商品ラインアップを構築している。そして、中長期的な投資視点での顧客のニーズに沿った質の高い商品ラインアップの維持に向け、商品導入・改廃プロセスを進化させている。

特に「貯蓄から投資・資産形成」の第一歩を踏み出すためのサポートを担うみずほ銀行では、顧客が自らのニーズに適した商品を選びやすくするため、中長期の資産形成に資する商品を絞り込んだ「みずほセレクトファンド」を編成している。「みずほセレクトファンド」には、これから資産運用を

図5－1　資産運用関連業務における銀行・信託・証券の連携

みずほ銀行では、お客さまに資産形成の第一歩を踏み出していただくための商品を中心に提案を行っています。

みずほ証券では、幅広い商品カテゴリーを揃え、運用経験豊富な方の多様なニーズにお応えしています。

みずほ信託銀行では、資産承継に資する商品ラインアップも揃え、お客さまが大切な資産を次世代にスムーズに引き継ぐためのサポートを進めています。

銀行・信託・証券一体となって
お客さまの多様なニーズへのサポートを提供

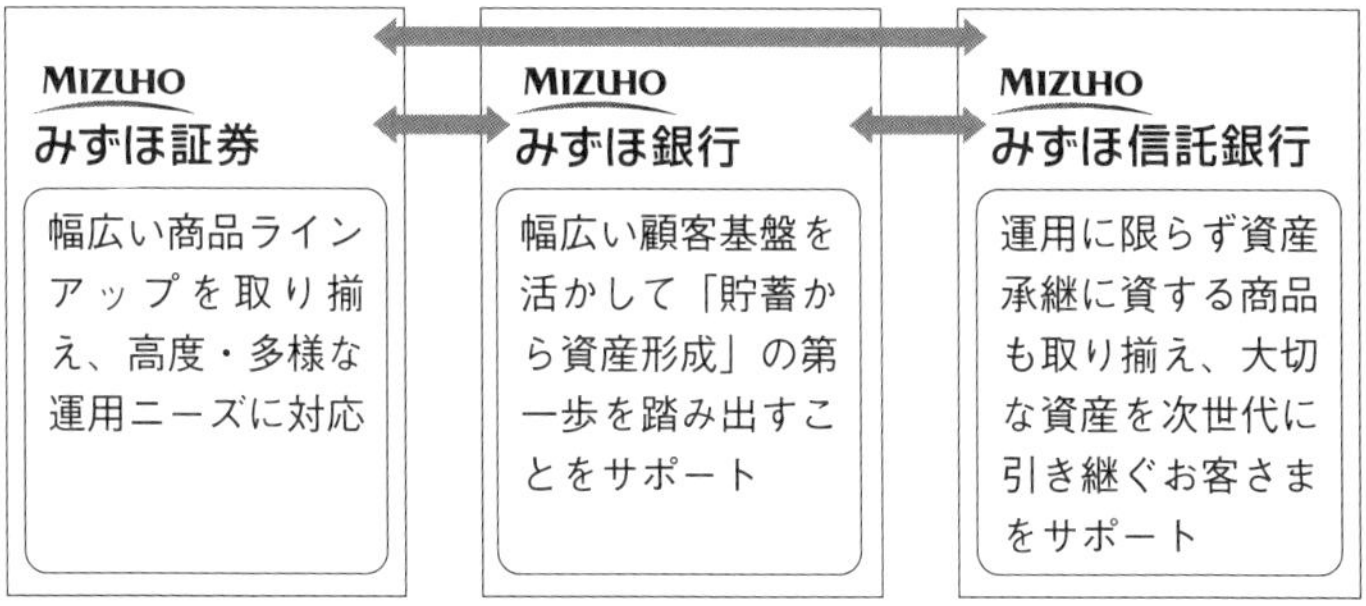
MIZUHO
みずほ証券
幅広い商品ラインアップを取り揃え、高度・多様な運用ニーズに対応
MIZUHO
みずほ銀行
幅広い顧客基盤を活かして「貯蓄から資産形成」の第一歩を踏み出すことをサポート
MIZUHO
みずほ信託銀行
運用に限らず資産承継に資する商品も取り揃え、大切な資産を次世代に引き継ぐお客さまをサポート

始める顧客に適した「みずほエントリーファンド」と、長期にわたり良好な運用実績を有する「みずほロングセラーファンド」があり、コンセプトと選定基準を明確化したうえで、いずれも幅広い運用会社から商品を選んでいる。

このように、みずほ銀行を中心に安定的な資産形成に資する商品の充実を図り、この層の顧客には投資対象のインカムを超えて毎月分配を行うファンドの提案を行わない方針を明確にし、結果として、分配金による銀行からの顧客資金の流出も減

図5－2　グループベースでのお客さまにふさわしい優良な投資機会の提供

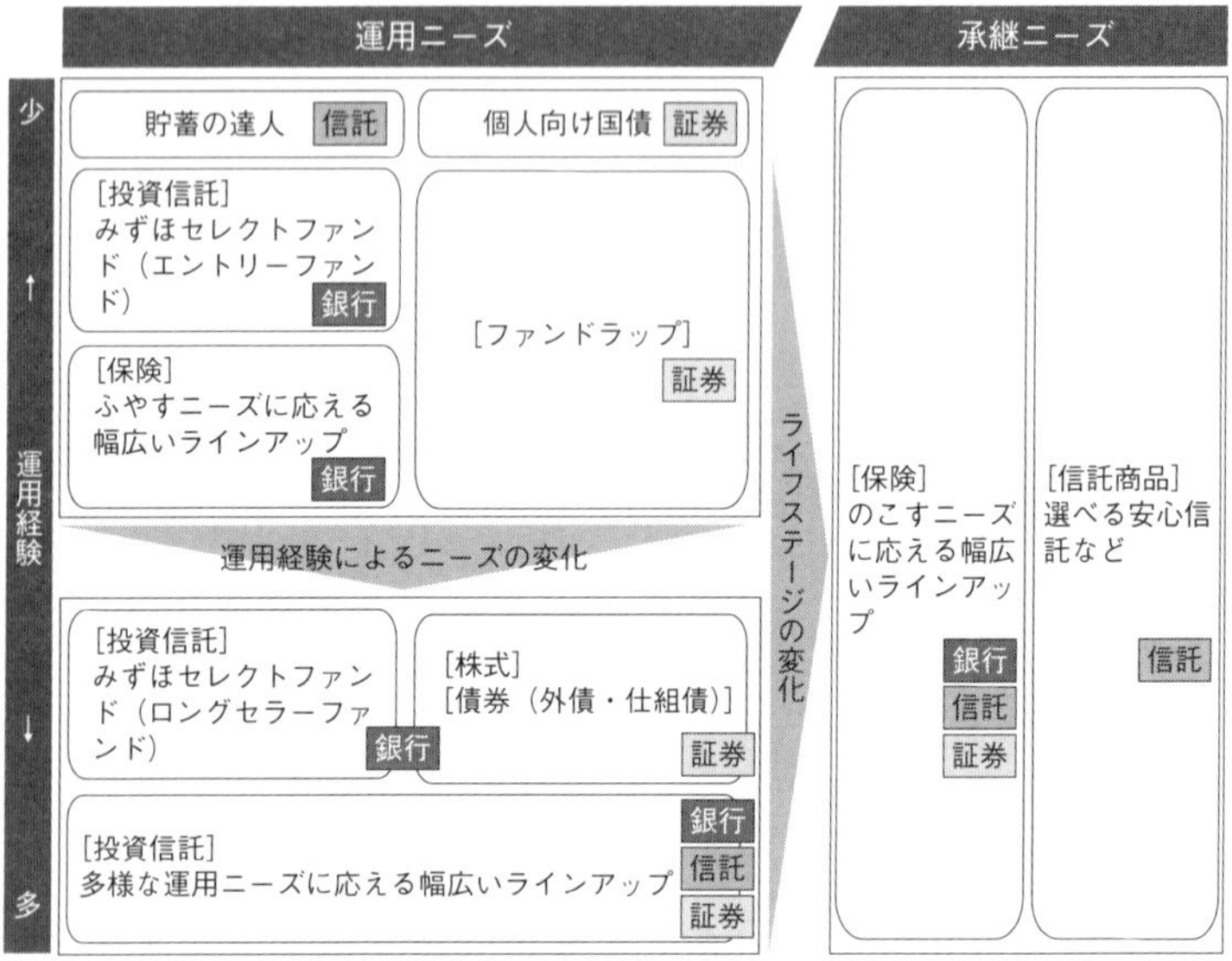

少している。

同時に、運用経験が豊富な顧客や、より高度・多様な運用ニーズを持つ顧客をサポートするため、みずほ証券では、グローバルエクイティファンド等の幅広い商品カテゴリーをそろえて充実に努めている。また、資産の承継ニーズに対しては、みずほ信託銀行を通じて、承継プロダクトを案内している。保険商品についても、顧客のライフステージにおける、ふやすニーズ・そなえるニーズ・のこすニーズの状況にあわせた対応を行うラインアップとしている。

専門性と人間力の向上

コンサルティングを通じた最適な商品サービスの提供のため、顧客の資産・負債状況に係るヒアリングをしっかりと行い、各種分析等を実施し、顧客が受入れ可能なリスクの度合い等を正確に把握することが必要であり、この力を高めるように注力している。顧客のニーズやゴールを正確に把握する取組みの強化や、タブレット端末に搭載されたアプリを用いて顧客のニーズや適合性にあわせた投資信託のポートフォリオや保険商品を提案するためのインフラ整備も進めている。

それらのベースとなるのは、個々の職員が金融のプロとしての専門性を高めることである。知識レベルの向上に向けて、社内資格に加えてＦＰ等の外部資格の取得を促進して、専門性を客観的に対外的に示すことができるようにしていく方針である。求められる人物像として、このような専門性と、長期投資を通じた顧客の豊かさの実現をサポートしていく、使命感と倫理観を持つ「プロ」としての意識、人間力を同時に重視している。

日常現場業務のなかでは、これまでのさまざまなロールプレイングの機会に加えて、たとえば、みずほ証券で行われているＰＳｍｔｇ（Proposal（提案）、Skill-up（能力向上）、meeting（会議）を意味する造語）に、みずほ銀行の担当者も参加できるようにしている。そのプログラムのなかでは、顧客ニーズに真に適う金融商品・サービスの提供というＦＤの観点に基づき、テーマ・対象商品に即した顧客像を想定したうえでのグループ討議やロープレを行い、専門知識や営業スキルを共有することを通じて、ノウハウやスキルレベルの実践力の向上を図っている。

また、顧客の最適なサービスの選択のために、明確で誤解を招くことのない情報提供の充実を推進している。その一環として、複数の金融商品の組合せで構成されている商品について、各商品を個別に購入する場合との比較を示している。インデックス型投資信託と上場投資信託（ＥＴＦ）のように、商品性が類似しているものについても、内容の比較ができるよう説明の充実を図っている。手数料については、たとえば、投資信託・一時払保険の購入および保有の際に「ご提供するサービス」の対価としての考え方を明確化するなど、手数料の全体像についてのわかりやすい説明資料を作成している。そこでは、購入時あるいは保有時の手数料と提供するサービス例の全体的整理が示されており、顧客の理解を助けるものである。また、商品の取扱窓口による手数料の差異についての説明もあり、顧客がどのチャネルで購入するかを自ら選択することを助ける内容が含まれている。顧客と職員がともに賢明な選択をしていけるようにするものといえる。

アフターフォローの充実

「お客さまそれぞれのゴールの実現に向けたアフターフォロー」の実施の一環として、「お客さま満足度調査アンケート」を始めている。今後のサービスの継続的な改善に活かしていくため、従来から行っている各種調査に加え、資産運用関連業務における郵送やウェブによるお客さま満足度調査アンケートを実施している。また、みずほ銀行やみずほ信託銀行では、販売時にタブレット端末を活用したアンケートも新たに開始した。このように、成約時と成約後・年度ごとの二時点でのアンケートにより、担当者は顧客のライフプランやニーズを理解していたか、ニーズにあった商品を選択できるよう幅広い提案があったか、担当者を友人・知人に薦めたいと思うか、あるいは、マーケット状況等に応じた情報提供やアドバイスの様子、担当者の面談頻度や相談のしやすさ等を、フィードバックしていただくこととしている。これらは顧客からの直接の評価として、営業店の業績評価に反映させていく方針である。

FD取組方針とアクションプラン

二〇一七年三月に公表したFD取組方針とアクションプランについて、同年一一月に二〇一七年度の中間取組状況を公表している。販売機能に関するレビューの全体観は、図5―3のとおり、

① 「FD実践」：グループ全体の取組方針に基づき各社が策定したアクションプフンを行うことを通じて、FD実践に向けた取組みを行い、

② 「お客さま等の支持・評価」：お客さまが真に満足できる商品・サービスを提供することができれば、お客さまや外部評価機関から高い支持や評価をいただける。

③ 「成果（お客さま支持の表れ）」：幅広いお客さまに支持・評価されることにより、結果として〈みずほ〉とお客さまとのお取引拡大や、新たなお客さまとのお取引が実現する。

という考え方と枠組みに基づいて組立てがなされている。そのなかで、①、②、③、各々において定量指標（KPI）の設定を行い、公表している。

図5－3　販売機能に関する2017年度アクションプランの中間取組状況（全体観）

アクションプランの取組状況、および定量指標（KPI）の全体観は以下のとおりです。

FD実践 ＞ お客さま等の支持・評価 ＞ 成果

取組方針／今年度の主な取組内容
1．お客さまニーズに適した商品ラインアップの構築
(1) グループベースでのお客さまにふさわしい優良な投資機会の提供 － 多様なニーズに対応するための商品提供体制等の構築 (2) 安定的な資産形成に資する商品の充実 －「みずほセレクトファンド」の選定　等
2．お客さまへのコンサルティングを通じた投資商品の提供
(1) お客さまのニーズやゴールを正確に把握する取組みの強化 － タブレットアプリによるコンサルティング営業の実践　等 (2) 的確な情報提供を踏まえたコンサルティングの実践 － 商品の分かりやすい説明の実践に向けた取組みの強化　等 (3) テクノロジー等を活用した新たな提案手法の探求 － ロボアドバイザーサービスの機能強化 (4) 手数料に対する情報提供の充実 － 手数料の考え方の明示
3．お客さまそれぞれのゴールの実現に向けたアフターフォローの実施
(1) アフターフォローを通じた情報提供・アドバイスの高度化 － アフターフォローも含めたお客さま満足度調査の開始 (2) 堅確な業務の遂行と高度化 － ペーパーレスでの申込受付の拡充
4．お客さまが安心して安定的な資産形成を実現するための基盤の構築
(1) 金融・投資知識向上に役立つサービスの充実 － つみたてNISAのサービス開始 (2) 営業職員の教育の強化　　KPI 資格保有者数 － 資格取得を通じた職員の更なる能力向上

FD実践 ＞ **お客さま等の支持・評価** ＞ 成果

お客さま等の支持・評価	
お客さま満足度調査の実施	KPI「お客さま満足度調査」の結果

FD実践 ＞ お客さま等の支持・評価 ＞ **成果**

成果	
KPI	投資運用商品の預り資産残高
KPI	新たにお取引を開始したお客さまの預り資産増加額
KPI	投資運用商品保有者数
KPI	資産形成層向け商品保有者数

このレビューは、定性的な内容と定量的な指標で構成されている。定性的な内容としては、アクションプランに沿った具体的な実施項目が示され、定量的な指標としては、FD実践の土台としての職員の専門性の高さを表す「資格保有者数」、顧客からの支持・評価を表す「お客さま満足度調査アンケート」の結果、そして、それらの成果としての「投資運用商品の預り資産残高」や「投資運用商品保有者数」が設定されている。また、みずほ銀行では、その役割に照らして、「新たにお取引を開始したお客さまの預り資産増加額」や「資産形成層向け商品保有者数（つみたてNISAを含めた取引基盤）」を、指標として対外公表していくとしている。

ここまで書いてきたように、みずほFGとして、またそのなかでみずほ銀行として、何を目指すのか、ということがまずあり、そのためのアクションプランがあり、それらに対する顧客の支持・評価があり、その結果としての金融機関としてのビジネス数値、という流れとなっていることに、まずは注目したい。金融機関としてのビジネス数値が先にありきのものではない。

このような流れのなかで、グループ各社において、それぞれのフォーカスする顧客基盤と果たしていく役割をより明確にする方向で、それにあった金融機能や商品サービスの提供をしていこうとしていることも、当然といえば当然のことではあるが注目されるところである。

また、金融リテラシーの向上という社会的ニーズへの対応を、顧客のきちんとした選択をサポートする観点からも、みずほFGのグループ取組方針の「企業文化の定着」に位置づけていることも興味深いところである。

FDの実践と企業文化への浸透

接点の強化

豊かな人生と老後のために、それぞれが貯蓄から投資・資産形成を進めていくことが必要となっているが、多くの顧客が資産運用の重要性に十分に気づいていないという現実がある。ビデオメッセージにおいては、「米国では、〝Final 3 feet〟という言葉があります。〝3 feet〟とは一メートル弱ですが、これはお客さまとの適切な距離感を象徴的に表しています。近すぎず、離れすぎず、お客さまとの適切な距離感を保ちながら、プロとして客観的なコンサルティングを通じて、お客さまに資産運用の重要性に気づいていただくお手伝いをしていかなければなりません」と、語られている。

顧客との接点の強化に向け、コンタクトの「質」と「量」をともに向上させていくことを打ち出している。その一例として、店頭の顧客受付システムとＲＭＤＢ（顧客がみずほ銀行とどのような取引をしているかを記録したデーターベース）のシステム連携の仕組みの有効活用がある。店頭の顧客受付システムにカード・通帳を挿入すれば、その来店顧客の銀行取引等の一覧情報が職員の手元に表示され、スムーズな対応や待ち時間の短縮につながるとともに、今後どのようなニーズや対応がありうるかを考えて接客することができるものである。全体に目配りができるリーダー的な職員が、どの職員がその顧客にどのように配意していけばよいかを考え、店全体で取り組むことも期待している。

また、コンタクトの「量」を向上させていくためには、業務の効率化も欠かせない。みずほ銀行では、適合性の確認から投資信託等の約定までタブレット端末で完結させる「アセットナビゲーションシステム」を導入し、申込手続に要する時間を従来の半分に短縮している。保険契約でもペーパーレス化による効率化を進めており、顧客との触れ合いにかける時間のさらなる捻出を図っている。

プロセスマネジメントの充実

売れ筋商品からの提案営業は、顧客の意向に合致しにくいものである。接点の強化や商品戦略の転換のもとで、みずほ銀行としてフォーカスする顧客を明確化し、ニーズにあわせた多様なアプローチを行おうとしている。どのような顧客にも同じ営業手法や商品提案ということではなく、ニーズに関する仮説を考える。そして、商品ありきの面談ではなく、運用の必要性を共有し、家族構成や資産、ライフプラン等の実態を把握して、「みずほセレクトファンド」を中心とした分散投資を提案していく。約定の後も、継続的な情報提供や実態把握を行っていく。このような顧客本位のコンサルティング営業のプロセスマネジメントの強化を図っている。それぞれのプロセスにおける課題を見える化し、課題に対する改善策の実行状況をデータで把握しながら、課題分析シートやマネジメント強化シートも活用して、PDCAを回していくこととしている。先に記した個々のスキルアップは営業の足腰を強くして顧客とのコンタクト活動の質と量を高めるものとなり、お客さま満足度調査アンケートの実施が商品提案・約定からアフターフォローまでの過程をモニターするものとなる。この二つがＰＤＣＡサイクルの推進力となるものと位置づけられる。

企業文化への浸透

グループ取組方針において「企業文化の定着」を明記しており、アクションプランの取組状況においては、「「顧客本位の業務運営」を踏まえた業績評価体系の構築・新たな表彰制度の創設等の枠組みの構築に加え、各種教育・研修やグループ・ディスカッションの実施等により、ＦＤ実践を行う企業文化の定着を図っております。特に、幅広いお客さまに対し投資運用商品を提供する、みずほ銀行、みずほ信託銀行、みずほ証券では、役員による臨店や役員メッセージビデオの配信によりＦＤの重要性を発信するとともに、社内研修、部店勉強会、ディスカッション実施等を通じ、より一層深度あるＦＤ浸透を図っています」と記されている。

実際に、営業店と本部が目線をそろえて取り組み、全階層が腹落ちして、真にＦＤが浸透するよう、全体での共有、各層での横断的な場の設定、そして役員から担当者まで縦軸での機会づくりを展開している。

また、メッセージビデオでは、「真に〝お客さま本位の業務運営（ＦＤの実践）〟を実現できた「金融機関」のみが評価されるという世の中の流れのなかで、真に〝ＦＤの実践〟を実現できた「営業店や担い手」のみが評価されるようにしていくことが大切である」と述べられている。

すでに数年前から営業店の業績評価の仕組みの見直しが行われており、みずほ銀行では「収益」のみならず、「預り資産残高の純増額」「顧客の純増数」もしっかりと評価する体系となっている。また、顧客に最適な商品を提供していくため、銀行・信託・証券の各エンティティの担当者がどのエンティティの商品を販売しても、同等に評価される体系を構築している。アフターフォローの充実については、先述のとおり、顧客からの評価も取り入れていくこととしている。

そして、「褒める仕組み」が必要で、顧客本位の営業活動を実践している模範となる担い手を表彰することが強調されている。これらの褒める仕組みについては、表彰制度等に織り込んでいく方針である。商品を単に売るのではなく、お客さまが抱えている課題の解決策を提供した事例、あるいは、お客さまの将来に向けた想いや生活設計をしっかりと共有したうえで、その実現に向け、金融のプロとしてお客さまがいまだ認識していないニーズをも明らかにし、最適なソリューションを提供している職員をきちんと評価し、そのような活動事例を配信するなどして行内に広く知らしめていきたいとのことである。

各層での対話のなかで、模範となる担い手のエピソード、たとえば、他社行の預り資産を含めたお客さまの資産や保有商品等の全体像を俯瞰してポートフォリオの観点から意見を伝え、本人や遠方の子息の生活環境等を踏まえて万一の際に直面するであろう問題への対応も交えてやりとりした結果、「何かを決めるときには、まず第一にあなたに相談します」という信頼を得たというようなストーリーや、かけていただいた言葉の嬉しさを共有して、自分達の仕事の原点や判断の基準をしっかりと築いていくということであろう。

みずほ銀行では、二〇一八年二月に、より高いレベルで顧客本位のコンサルティングを実践していると誰もが納得感のある象徴的人物を「クライアントファーストマイスター（ＣＦＭ）」と任命している。そして、ＣＦＭの日頃の意識や取組みを目指すべき姿として行内に伝播し、顧客からの信任の結果として高い成果を発揮し続ける担い手への変革を促している。意識と行動の両面の改革につなげる浸透活動を展開している。

今後の課題──メガバンクにおける一人ひとりの決意と行動

「ＦＤを徹底できない金融機関は、生き残ることができない。五年後・一〇年後には、淘汰される時代だ」──ビデオメッセージから、伝わってくる決意である。

ＦＤを徹底する取組みが顧客の支持・評価を得て持続的な業績につながるまで、一時的な業績の落ち込みがあっても、ぶれないことが重要である。また、グループ各社においては、そうはいっても自部門の足もとの業績が気になるところであり、各社各部門の業績評価において真に全体最適な設定がなされるかなど課題はあろう。

そしてやはり、すべての土台となるのは「人」である。スキルアップの道筋の明示やプロセスマネジメントの充実と点検により、標準化できるところは標準化して全体のレベルを底上げする対応がなされている。しかし、そこから先は、マイスターの世界。ＦＤの実践の場は、顧客と接している営業店であり、ＦＤの担い手は、一人ひとりの職員である。

メガバンクであるみずほ銀行において、そのような認識に基づく人材育成が志向されているのはとても印象的である。それでは、大きな組織のなかで、どれくらいの数の自律的に行動するプロアクティブな職員が出てくるか、他行と比して抜きん出たプロフェッショナルな職員が生まれてくるか。

また、みずほＶａｌｕｅの一つとして「チームワーク」が掲げられているが、個々の役職員のレベルで「多様な個性とグループ総合力」がどのように発揮されるか、その真価が問われるところである。

複数の職員によるプロダクト別のセールスではなく、顧客の信頼を得て全体像を知るマイスターへ。それをグループベースで行い、よりニーズが拡大し重点を置くべき領域に人を動かしていく。メガバンクグループ各行で進められている銀行業務の人員の見直しについて、人間をフィンテックやＡＩで置き換える人員削減だと短絡的に受けとめることは、事の本質を見誤る可能性があるように思える。

〈みずほ〉の役職員が、コンサルタントを超えて、お客さまのカウンセラーやコーチの役目も果たしていけるかにも、注目していきたい。

野村證券

変化するお客様のニーズに的確に対応するためにビジネスモデルを変革

野村證券が二〇一七年四月に公表した「お客様本位の業務運営を実現するための方針～すべてはお客様のために～」において、その中核となる「お客様の最善の利益の追求」は、次のような内容になっている。

「当社のビジネスモデルの変革を支える「すべてはお客様のために」という基本観は、九〇年を超える野村グループの歴史の中で脈々と受け継がれている「創業の精神」十カ条のうちの一つである「顧客第一の精神」を表したものであり、企業文化として大変重要なことと位置付けております。当社は、過去から得た教訓をグループ内で風化させることのないよう、「野村『創業理念と企業倫理』の日」を制定しており、毎年、創業の理念に立ち戻り、全役職員が野村の歴史と社会的責任の重さを定期的に再確認するよう努めます」。

「すべてはお客様のために」という基本観に基づき、「お客様一人ひとりのお悩みやニーズにあったきめ細やかな商品・サービス」を提供していくことが、お客様本位の業務運営のベースとされている。

証券業をとりまく環境の変化のなかで、野村證券がどのようにビジネスモデルを変革させてきたのか、そのなかで、お客様本位の業務運営の実践がどのように進められているのかを、見ていきたい。

ビジネスモデルの変革の舵取り

野村證券では二〇一二年四月に永井浩二氏が社長に就任した。同年八月、野村ホールディングス（HD）のグループCEOにも就任し、「会社を根底から作り直す」との所信を語っている。

国内リテールのビジネスモデルについては、「ブローカレッジ（委託売買）業務中心の営業スタイル」から、「コンサルティングを中心としたお客様一人ひとりのニーズに応える営業スタイル」への移行を宣言した。短期的な収益にとらわれることなく、コンサルティング営業の徹底による中長期的な企業価値向上に取り組んでいくということ、ストック収入を重視してマーケットに左右されない収益構造を構築していくことを明確にして、変革に舵を切った。

同年九月のインベスター・デー（以下、IRミーティング）において、顧客資産残高を目標として明示し、その実現のために、複雑化・高度化する顧客のニーズに対して付加価値の高い提案を行うコンサルティング営業の深化、そのための人材育成、ポートフォリオ構築や時間軸の長い投資を念頭に置いた商品組成をしていくという方針を示している。

そして、「すべてはお客様のために」という、単なるルールや法令の遵守にとどまらない倫理観の再確認や、顧客それぞれのニーズに応える営業スタイルに変えていくという価値観の転換を打ち出している。

会社の風土や仕組みの改革を進めていくため、二〇一二年より、意識改革と人事評価・制度の見直しを行っている。意識改革においては、参加型で「ありたい姿」を描いていくミーティングや、「発想の転換」「変革への挑戦」「変革のその先へ」というようなプロジェクトを展開している。地区ごとでのオフサイトミーティングなどの取組みもさまざまになされた様子である。また、ビジネスモデルの変革にあわせて、一支店当りの在任期間の延長や新職種の導入などの人事制度の見直しにも着手している。

変化するお客様のニーズへの対応

ファミリー化ビジネスの強化で資産管理をトータルコーディネート

「時代の変化に合わせて当社自身も変化する」。これは「すべてはお客様のために」とともに語られている言葉である。

顧客環境の変化としては、顧客の高齢化・長寿化、大相続時代の到来、それに伴うレベルの高いコンサルティングへの期待の高まりを、他の金融機関より強く意識している。

日本全体が高齢化しているなかで、どの産業もそれを課題としてとらえ、取り組んでいかなければならない。野村證券は顧客基盤という面では、個々人との関係構築はもちろんのこと、ご家族全員

（ファミリー）との関係構築にも力を入れている。ご家族全員との関係が強固であれば、仮にお客様に相続が発生した場合でも、関係は受け継がれていくことになる。また、多くの人々にとって、現実的には大事なこととしてお金の問題がある。しかし、家族のなかでお金のことを話すことは案外難しいものである。家族や一族のなかでお金のことを上手に扱っていくサポーターの役割を、金融機関の職員が果たしていこうとしている。

顧客資産残高の拡大という方針のもと、対面で時間を使ったコンサルティングを受けるニーズを持つ顧客への対応等の各種施策を進めるなかで、ファミリー化ビジネスの強化で高齢の顧客と家族の資産管理をトータルコーディネートしていくことにも取り組んでいる。老後生活の不安解消や相続対応、家族を含めた信頼関係構築を極めるとして、資産運用・暦年贈与・教育資金贈与・遺言信託・遺産整理業務・保険・不動産・事業承継等の総合的なサービスの開発を進めてきている。

ハートフルパートナーやファイナンシャル・ジェロントロジーへの取組み

このような方針を踏まえたチャネル戦略として、高齢の顧客を専門に担当するチームであるハートフルパートナーを拡充して（二〇一七年四月に発足し、二〇一八年四月には国内全店舗への配置とする方針）、顧客ファミリーとのリレーションを深めるための活動に注力している。

高齢の顧客や顧客ファミリーへの対応の一つとして、ハートフルコミュニケーション商品ラインアップを設けている。同社が取り扱う商品のうち「比較的仕組みがわかりやすい商品」や「比較的リスクが低いと考えられる商品」など、「安定的な運用を望まれるお客様」や「ご高齢のお客様」にも適すると考えられる商品を選定している。

また、野村ホールディングスでは、慶應義塾大学と共同で、ファイナンシャル・ジェロントロジー（金融老年学）に関する研究プロジェクトを立ち上げている。高齢者の資産に関わる課題を幅広く理解し、その解決への道筋を探るため、長寿・加齢が経済および金融行動に与える影響を考えていくものである。少子高齢化・長寿化が進むなか、これからの日本にとって、豊かな老後のために個人の金融資産を形成し、それをうまく管理していくことが非常に重要な課題となる。そのためには、金融機関としても、高齢化に伴う身体能力や認知能力の変化を理解し、資産管理や各種提案において活かしていくことも必要になるという考え方に基づくものである。研究の成果は、高齢者を担当する社員の教育にも活かし、これまで以上に高齢者へのサービスの充実・向上を図っていく。理論研究のみならず、実務を通じて、このような産学連携プロジェクトの成果を広く社会に還元していくとしている。

フォーカスする顧客のこれからの先行きを見据えて、資産を守るとともに「資産寿命」を延ばし、快適な第二の人生を送るパートナーとしての取組みを進めている。

持ち味を活かした顧客基盤の拡大

野村證券は、日本の顧客をとりまく環境の変化を見据えるとともに、自社の強みを活かし、さらなる顧客基盤の拡充のために、次のような取組みに注力している。
○ゆとりたいあ……「退職前後のお客様のライフスタイル・収入・金融資産状況を反映した、ゴールベースド・アプローチによるライフプラン作成のお手伝いとアドバイスを行うサービス」として、〝ゆとりたいあ〟を展開している。
従業員持株会制度の会員は、退会時に受託証券会社に証券口座を開設する。持株会等の職域制度における強みを活かして、ライフプラン・サービス部と連携し、相談を希望される方には、ゆとりたいあコンサルタントが退職後のさまざまな不安への対応を一緒に丁寧に考えていく。このような活動を通じて、「退職金・相続など資産運用のご相談は野村證券へ」というブランドを構築して、顧客基盤を拡大していこうというものである。
○野村資産承継研究所……オーナー経営者を中心に、資産承継と事業承継に関するアドバイスのニーズが増えている。この二つの承継に関連する税制・法務・金融商品・不動産等の統合的なプランニングや研究を行う、野村資産承継研究所を設立している。
資産承継や事業承継をプランニングし実行するためには、法人の経営への影響、納税資金や生活資金の確保、後継者の育成など、さまざまな観点から検討して準備することが必要となる。それゆえ、円滑な資産承継や事業承継においては、経営、税制、法令、金融資産マネジメント、不動産マネジメント、各種制度の活用等の分野について高い専門性が必要とされると同時に、それらの専門性を統合した視点が重要である。同社として、このような高度な専門性を統合した知見を提供していく機能を果たす明確な組織を新たにつくったということである。

これらの取組みにあわせて、商品・サービスの拡充も行っている。たとえば、〝資産承継あんしんパック〟という、資産の把握・分析、希望・考えの整理、相続税の概算、アドバイス、遺言の検討、専門家への相談などの一連の対応を、資産承継あんしんレポート・遺言キット・専門家紹介としてセットで提供していくサービスがある。また、急な資金需要が生じた際に、中長期で運用している資産を取り崩し、資産寿命を縮めることを防ぐ観点から、投資信託・投資一任等を担保に野村信託銀行が融資を行う「野村Ｗｅｂローン」の金利を大幅に引き下げることもしている。

オーナー経営者等を対象にしたソリューションの充実に関しては、野村資産承継研究所の設立とともに、営業部門における中堅企業Ｍ＆Ａへの取組み強化、不動産業務部における取扱いサービス拡充、野村信託銀行における相続関連ビジネスの開始により、個々の対応力のつながりを形成してトータルな課題解決を推進している。これらにより、事業承継・資産承継コンサルティングにおいて、自社株マネジメントのコンサルティングやファミリー法人の資産管理支援など、個人の資産のみならず、法人としての資産も視野に入れた、トータル資産への最適な対応を図っている。

また、最近、大手金融グループではフィンテック関連のアクセラレータープログラム（オープンイノベーションの一環としてスタートアップ事業者に対してリソース等を提供し、社会的課題に関する新規事業を促進・協業していく取組み）を開催しているが、野村證券のアクセラレータープログラムでは、第一期で選定された五社のうちの三社が、シニア世代の課題解決に密接に関係する事業であったことも興味深い（デジタル時代の二世帯住宅：孫や子と離れて暮らす祖父母世代が家庭のテレビで簡単に孫や子の動画・写真等を見ることができるサービス、eGiftを活用した相続のカジュアル化、生活習慣病を抱える人への健康づくり最適化支援）。

なお、資産形成層への取組みについて簡潔に述べると、野村證券は職域マーケットにおける強みを活かそうとしている。持株会や確定拠出年金を通じて資産形成層に対するパイプを構築し、ウェブ等を通じてさまざまな情報やコンテンツを発信することで、つみたてNISA等の接点を広げようとしている。

お客様にふさわしいサービスの提供

ここまで野村證券を中心に野村ホールディングスにおける近年の顧客フォーカスと事業活動の特徴的な動きを見てきたが、お客様本位の業務運営の取組方針については、野村證券と野村アセットマネジメントが主体となって公表している。その内容は、冒頭のビジネスモデルの変革を進めるなかでなされてきたこととオーバーラップしており、その意義を再確認するものといえる。

一連の取組みのなかで、業績評価の見直しも進められている。収益だけではなく、預り資産の純増額等の顧客基盤、コンプライアンス等の定性面も対等に評価するように変更されている。収益をあげればそれでよいということではない。「顧客基盤」という評価項目は、顧客から新たに資金を預かり、しっかりとフォローをして信頼され、取引を継続していただくことによる好循環を実現していくためのものである。さらに、今期より「顧客満足度向上」を評価項目に導入した「担当者別お客様満足度調査」の結果も、それを測る要素の一つとしている。

組織運営面では、「よりお客様に近い体制」へ移行し、二〇一七年四月に、全国にある支店を六つに区切り各地区の担当役員が営業を主導する地区制を廃止している。同じ地区でも、たとえば北海道と仙台の地域性や顧客は異なるので、同じような施策が異なる支店の顧客にフィットするとは限らない。部店長が、従来以上に自らの判断で部店マネジメントを行うこととし、各支店が顧客の悩みやニーズの変化をより敏感に感じとり、活動指針等を独自に考えることができるような体制にした（その参考にするため、支店の規模や対象顧客の潜在的ニーズに応じて、支店間で情報や取組みのアイデアを共有する仕組みを取り入れている）。職員に自分たちで考え行動していくことの面白みと責任を感じながら取り組むことを促し、それがさらなるビジネスの拡大につながることを意図するものといえる。

そして、目指すところは、それぞれの顧客にふさわしいサービスを提供していくことである。従来より、顧客のライフプランニングづくりと資産設計に力を入れており、そのコンサルティングツールについては、相続税の試算等に独自性が見られる。また、セミナーについては、相談型セミナーに力が入れられている。相続・贈与・年金・資産運用等について、講師を迎えて具体的に考えていくものであるが、その際、参加する顧客の担当者がその顧客の隣に同席しながら進めるというスタイルをとっている。

それらを含めた顧客への対応において野村證券がベースとしているアプローチは、次のとおりである。

○ゴールベースド・アプローチ……「お客様のゴールを実現する上での様々な課題を、お客様との対話により発見いたします。そして、その課題の解決策をお客様とともに見い出し、野村グループや提携先の機能を用いて解決を目指します。このようなお客様のゴールに向かってともに歩む姿勢を私たちは「ゴールベースド・アプローチ」と表現しています」

○バランスシート・アプローチ……「例えば、遺産分割、資産移転、納税資産の確保について検討するにあたり、お客様の資産と負債を想定し分析をします。個人においても法人と同様バランスシートによる分析が有効です」

このようなアプローチを実践していくなかで、お客様本位の業務運営の方針に明記されているように、「複雑な商品やリスクが高い商品に関しては、商品の特性を踏まえ、お客様にとってふさわしいものであるかを慎重に検討し、場合によっては、当社からご提案を控えさせていただくこともございいます」との対応をとることとしている。

オープンアーキテクチャーの推進

顧客のニーズに適した商品ラインアップとするため、競合他金融グループに属する投信会社のファンドも排除することなく取扱いを検討することは、以前より行ってきている。お客様本位の業務運営の方針においては、「当社は、投資信託の取扱商品を決定する際には、評価機関による調査・分析を経て一定以上の評価がなされているものを採用する等、グループ会社の商品に捉われることなく、幅広い候補の中から品質の高いものを選定します」と明記されている。

野村證券における取扱投信の選定は、「情報収集（顧客のニーズに関する情報の収集、運用会社及び商品に関する情報を直接・間接的に収集）→取扱投信のコンセプトの検討・決定（中長期投資を前提としたお客様のニーズ反映を重視、弊社の既存ラインアップで対応できないコンセプトであるか精査、新商品組成の妥当性について検討）→調査・デューデリジェンス（野村ファンド・リサーチ・アンド・テクノロジー（NFR&T）から提供された情報をもとに幅広い商品候補について調査・検討、NFR&Tのデューデリジェンスで客観的な定量・定性の評価を実施）」というプロセスで行われている。NFR&Tは、他金融グループにおいても第三者評価の任を担っている実績もある。

二〇一七年末時点で、野村證券が取り扱う運用商品のうち、グループ会社（野村アセットマネジメント）以外の運用商品の数は約四分の三とのことである。ＦＤの徹底のためには、「オープンアーキテクチャー」が真に実現されるかが重要なポイントの一つとなる。フィンテックの進展等のなかで、金融業界においても「購買代理型のオープンプラットフォーム」が形成される動きが出てくると考えられる。野村證券におけるオープンアーキテクチャー推進の「見える化」が、今後さらにどのように行われていくかが注目されるところである。

なお、手数料については、「当社がいただく手数料は、取引参加者が金融商品取引所に支払う取引参加料金や、商品ラインナップの構築、各種ご参考資料の作成・送付等の業務運営に係る事務コストの他、営業担当者がコンサルティングを通じてサービスをご提供することに係る人件費、お客様にサービスをご提供する過程で必要となるさまざまな知識習得のための社員教育、システムの開発・維持管理等の安定したインフラ整備に係る費用等を総合的に勘案した対価でございます。今後も、総合的なサービスのレベルを絶えず向上させ、ご負担いただく手数料に見合うサービスをご提供することはもちろんのこと、それ以上にご満足いただける付加価値を追求し、ご期待にお応えできるよう努めます」と記されている。

提供するサービスに応じた適正な手数料の設定は当然のこととして、顧客の真のニーズやウォンツに応える付加価値を追求していくこと、ライフプランニングづくり等の付加価値について多彩な独自性の競争がなされることが期待される。

今後の課題―フィデューシャリー・デューティーの徹底の先を描く

野村資本市場研究所は、二〇三〇年の時点で、日本の個人金融資産は七五才以上の超高齢者層により集中する（二〇一五年の二四％から二〇三〇年は最大でほぼ倍増へ）と推計している。いずれにしても、資産承継や事業承継は大きな社会的課題であり、これまでの顧客基盤における強みを活かしたビジネスは、野村證券の主柱の一つとなろう。

その具体実践において、ＦＤの徹底が問われることもあろう。証券会社として複数の立場から金融機能に関わっているが、たとえば、オーナー経営者に寄り添う立場でのＭ＆Ａにおいては、もっぱらにオーナー経営者の立場からどのような選択を行うかが判断されなくてはならない。

今後の同社の成長戦略として、マーチャント・バンキング・ビジネスの立上げが打ち出され、事業承継などを対象に含めて行う動きが進められている。オーナー経営者の側に立つＦＤの観点からいえば、事業承継のサポートを的確に行い、それに伴い得られた資産の管理を委ねられ継続的な関係が続き、もう一方で、事業を引き継いだ新たなオーナーのもとでのさらなる事業価値の向上をサポートし、事業価値向上の実現に伴い出てくるニーズに対応する仕事を託されるというような、顧客基盤の拡充の好循環を生み出すことが理想的な展開の一つとして考えられる。

また、ファイナンシャル・ジェロントロジーに関連して、シニアの資産保有層の「保全と運用の両立」も今後のテーマの一つと考えられる。伝統的に欧州等で実績のある資産保全型の運用分野でのさらなる商品開発が、オープンアーキテクチャーのもとでどのように進められていくかも注目されることであろう。

オープンアーキテクチャーの推進を含めて、ビジネスモデルの変革の土台となる組織文化に関して、野村證券では「セクショナリズムの撤廃」も強く意識されている。所掌や担当にとらわれ、自らの立場で狭い視野から物事をとらえることは、打破される必要がある。野村證券として、変化するお客様のニーズに的確に対応して、ビジネスモデルを変革していくにあたり、「業務もカルチャーも違う『異物』を排除しないという意識を育てることはどんな組織にとっても重要なこと」「あえて『異物』を受け入れる風土を作っていかなければならない。それができない組織は硬直の罠にはまるだけである」とも述べられている（注）。

これは、顧客や社会の変化への対応を俊敏に進めていくため、また、自らの変革が後戻りしないため、そして、すぐれたオープンアーキテクチャーを実現していくため、とても大切なことであると思う。

（注）ダイヤモンドオンライン「野村ＨＤを根底から作り直すために永井ＣＥＯが壊した3つのこと」（今月の主筆、野村ＨＤグループＣＥＯ 永井浩二、二〇一七年八月一四日）参照。

富国生命

相互会社として生きる「ご契約者本位」

富国生命のＦＤ取組方針である「「お客さま基点」の業務運営方針」では、前文において、創業以来の〝ＤＮＡ〟が記されている。

「フコク生命は、「ご契約者本位」という想いのもと、相互会社として創業されました。ご契約者が保険団体を構成し互いに助け合う相互扶助が保険の精神であり、生命保険会社はご契約者の負託にお応えするために存在すべきで、そのためには相互会社組織が最適であるとの考えに基づき、当社のＤＮＡである「最大たらんよりは最優たれ」を実践し、質を重視した経営の差別化を図ってまいりました。こうした想いや考えは、創業以来変わらぬ経営理念である「ご契約者の利益擁護」、そして価値観である「お客さま基点」に引き継がれております」

富国生命は、一九二三年（大正一二年）に相互会社として設立され、創業以来、相互会社形態を貫く日本で唯一の会社である。実質的な創業者であり、富国生命の礎を築いた第二代社長の吉田義輝は創業に際して、「保険事業はご契約者の事業であり、会社はご契約者に代わって事業運営しているにすぎない」と述べている。このような「ご契約者本位」を徹底した経営をどのように実現していくか、創業以来の経営哲学をどのように価値観として受け継ぎ、経営計画やＦＤ取組方針のなかで生かし実践していくか。そのような観点から、富国生命の「経営の差別化」について見ていきたい。

質を重視した経営の差別化

生命保険業界において、富国生命は総資産や保険料収入等の規模では大手に及ばないものの、財務内容が良好で健全性が高く、ユニークな存在として知られている。それは、富国生命が他社との差別化を意識した経営を行ってきたことの現れといえる。図5−4のように、経営の方向性を明確にして、一貫した企業行動の舵取りをしてきている。そのなかで、創業以来の経営哲学を受け継いだ「お客さま基点」という価値観を企業活動の原点として置いている。

戦後、高度経済成長期を迎え、売上げやシェアといった規模を追い求める企業経営が主流となるなかで、相互会社としての「創業の心」「経営理念」に基づき、こうした流れとは一線を画して質の向上を目指し、「最大たらんよりは最優たれ」の方針を掲げ、〝質を重視した経営の差別化〟に取り組んできた。

経済が右肩上がりで成長していた時代において、解約・失効が発生してもそれを上回る新契約を獲得することによって成長を果たしていくことが可能であり、業界全体が新契約獲得競争を展開するなか、富国生命は一九八一年に「保有純増主義」を打ち出している。これは顧客のニーズにあった保険を提案し、加入後のアフターサービスを重視することによって継続率を高め、結果として保有契約を

図５－４　企業活動の原点としての「お客さま基点」

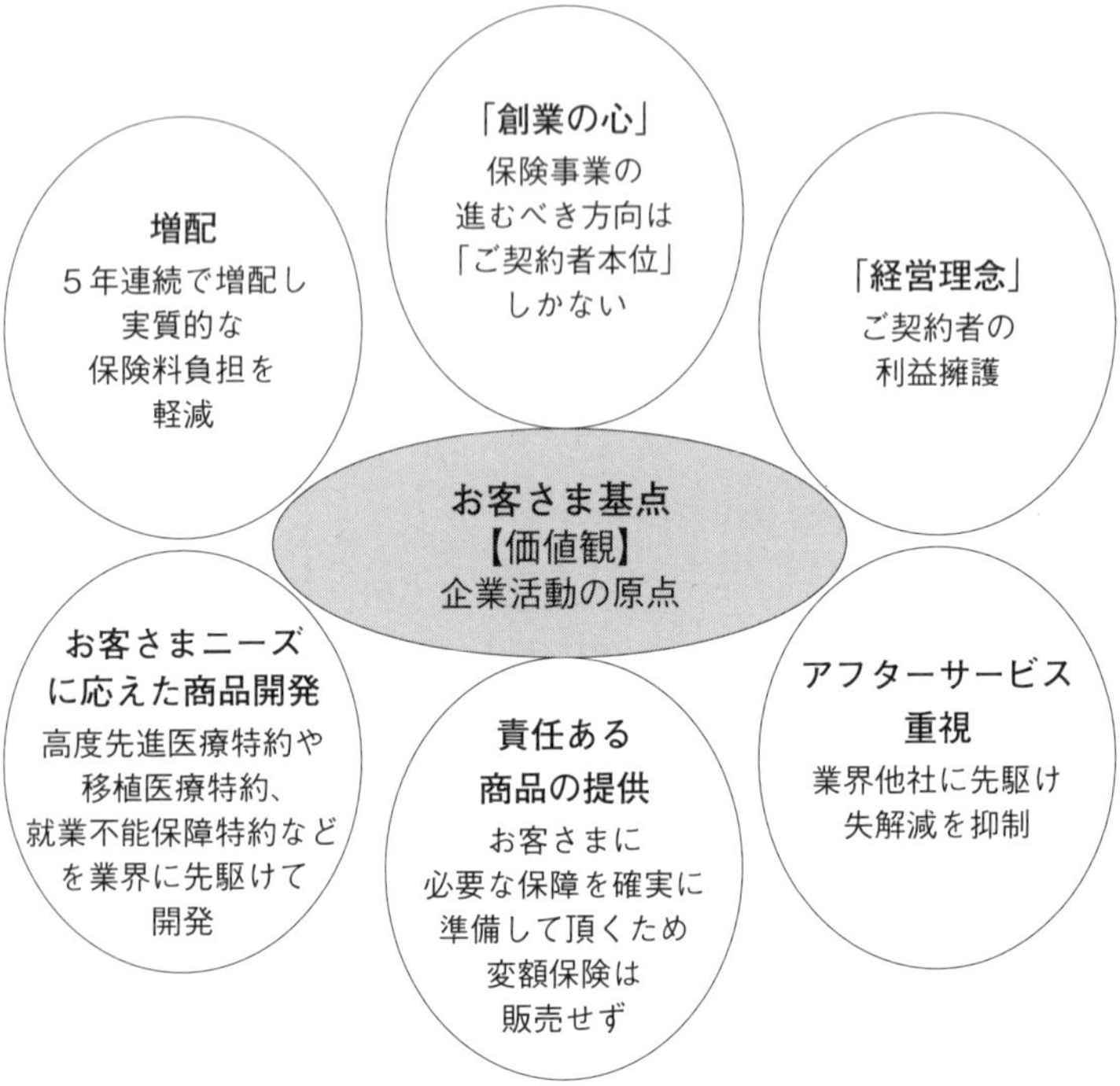

増やすというものである。現在では業界のスタンダードとなっている取組みである。

顧客に提供する商品については、責任ある商品提供と先進性ある商品開発を基軸としている。バブル期には、一時払養老保険について本来の保険の目的からは逸脱したといえるような販売が伸びていることや資産の急膨張にリスクを感じ、多くの売上げが見込める状況下で販売を停止している。また、当時ブームになっていた変額保険についても、「お客さまがリスクを理解することが難しい」と判断し、販売を見送った。一時払養老保険や変額保険については、バブル崩壊後の生保会社の破綻や顧客との数々の訴訟の要因となっている。

現在の超低金利下で外貨建商品の販売増が見込まれる状況においても、「一般顧客に為替リスクをきちんと説明できる体制が整っていない」と外貨建商品の販売には慎重なスタンスをとっている。保守的過ぎるといえなくもないが、目の前の売上げではなく、自らが大切にする「お客さまにとってどうなのか」を考えるのが富国生命の基本的なスタンスである。

先進性ある商品開発としては、一九八〇年代前半に国内他社に先駆け医療保険を提供するなど、第三分野に注力している。高度先進医療特約や移植医療特約、就業不能保障特約など、顧客のニーズに応える商品を業界のなかで先駆けて開発し提供してきている。

また、長期的な視点のもと安定した利益と財務基盤を築き、配当還元の充実を通じて顧客の実質的な保険料負担の軽減を図ることが相互会社としての使命と位置づけ、業界のなかで高い水準の配当還元を続けている。直近では二〇一二年度から五年連続で増配を達成している。

一九九六年の保険業法改正により子会社方式による生損保の相互乗り入れが可能となり、多くの生保会社が損保子会社設立に向かう流れのなかで、世界的な自然災害の多発による損保事業における利益の振れの大きさに着目して、その設立を見送った。また、人口減少に伴う国内マーケットの縮小を背景に海外へ進出する生保会社が出ているなかで、相互会社として「それが本当にご契約者の利益に資するのか」という観点から、現時点では生保事業を海外展開する予定はないとしている。

一方、二〇〇二年以降の金融機関窓販の解禁では業界各社が反対するなか、「営業職員だけでは手の届かないお客さまとの接点を増やせる」といち早く賛同を表明して、地域密着型の信用金庫を中心に窓販に積極的に取り組んでいる。二〇〇八年には、この分野の将来の成長を見越してフコクしんらい生命を立ち上げている。フェース・トゥ・フェースの対面販売に注力し、独自の商品開発を行い、「お客さま基点」による差別化で、国内生保市場において存在感を大きくしていくことを経営戦略の基本としている。

「お客さま基点」とFD取組方針の一体的推進

FD原則の中核としての「お客さま基点」

富国生命は、二〇〇八年に「新経営宣言」を行い、創業以来の経営理念に基づく価値観を、「お客さま基点」として再確認している。ここで「お客さま基点」とは、「私たち一人ひとりが「もし自分がお客さまだったら…」を常に想像しながら、お客さまが心から安心できるであろう、フコク生命ならではのサービスや経験を創り出し、提供していくことです」と記されている。そして、「それは、私たちが働くフコク生命の企業価値を高めることはもちろん、お客さまにとってフコク生命こそ〝確かな〟存在であると認めていただくために、最も大切にしなければならない原点です」と続けられている。
このような価値観のもと、「私たちはどうありたいのか」において、「確かな生活を希求する人の声に最も敏感に応え、その人にとっての〝ただ、ひとつの価値〟を提供していきます」と宣言されている。「確かな生活を希求する人」とは、富国生命の価値を認めてくださるお客さま像であり、同社とお客さまのお互いが大切にする生活や人生の考え方として共有していく姿と位置づけられている。「最も敏感に応える」とは、一人ひとりのお客さまの生活の変化や心の動きを確実に受けとめて素早く行動していくこと、「ただ、ひとつの価値の提供」とは、お客さま一人ひとりに対して考え行動して生み出した価値、手づくりのサービスや経験を提供すること、と記されている。

ＦＤ取組方針の第一の「「お客さま基点」の浸透・実践」において、この企業活動の原点とする「お客さま基点」が冒頭に明記されている。

ＦＤ取組方針においては、続いて、役職員が日常業務に取り組む姿勢や態度を表す行動原則や、組織面ではお客さまサービス企画室による経営層への提言や社内改革について述べられている。その流れのなかで、「コンプライアンスを法令の遵守とのみ理解するのではなく、生命保険業の公共性を踏まえ、広く社会からの要請に応えることが「お客さま基点」に通じる」と、コンプライアンスの概念を拡張的にとらえていく認識が述べられている。

そして、後述する中期経営計画においてビジョンに近づくために全社確認指標を設けているところ、ＦＤ取組方針においてもこれを準用し、他者への加入推奨意向と職員意識調査を評価指標として設定することとしている。いわゆるＣＳ（顧客満足）とＥＳ（従業員満足）の二つを最も重要な要素として位置づけているといえる。

取組みの推進においては、「お客さま基点」を価値観として行動できるように「気づき」や「自覚」を促すことを目的として、全職員を対象に研修を行う「お客さま基点活動」を展開し、職員一人ひとりがテーマを設定して取り組み、その振り返りを行うこととしている。

顧客による選択を重視した商品・サービス

ＦＤ取組方針の「お客さまのニーズに対応した責任ある最適な保険商品・サービスの提供」においては、多様化する顧客のニーズに的確に応えていく先進性と利便性に優れた保険商品の開発に努めていくこととともに、取組内容の記載の冒頭で、「長期にわたりお客さまの信頼にお応えするために、時流に流されず」、本当に必要とされるものの開発に取り組んでいくと明言している。

最近の商品開発事例についても言及されているが、同社の商品を見ていて、気がつくことがある。それは、顧客にとってのいろいろな選択肢を重視した商品・サービスをつくろうとしていることである。たとえば、主契約がなく特約の自由な組合せにより死亡保障・第三分野の保障・生存保障の内容を個々人がより効果的に構築できる特約組立型総合保険、日帰り入院から８大生活習慣病による長期入院・退院後の通院までをカバーし、また、３大疾病の重点保障や女性ならではの備え等のオプショ

「選べる」こと

人は自分で「選べる」と、嬉しくなる。

メニューの豊富なレストラン。
品揃えが豊かなデパート。

選んでいるときは、みんな楽しそう。

フコクに接するとき、お客さまは選べてるかな？
「それはできません」って言われてないかな？
できない理由がフコクの都合だったりしないかな？

ちゃんと選択肢を用意しよう。
お客さまの「選べる」を提供しよう。

フコクの思い（フコク維新プロジェクトチーム作成）より

ンも充実させた医療保険等がある。「お客さま一人ひとりのニーズにあわせて必要な保障を必要な分だけ確保できるように柔軟性の高い商品体系の構築を進めており」「ちょうどいい安心」を提供していきたいとしているのは、経営理念や価値観とつながるものである。そして、このような顧客の意向を踏まえたコンサルティングへの取組みは、フェース・トゥ・フェースの対面販売というチャネル戦略ともつながるものといえる。

「お客さま基点」を実践できる人づくり

従業員に対する適切な動機づけの枠組み等については、「「お客さま基点」を実践できる人づくり」として、「働く職員の自己実現」を経営理念の一つに定め、役職員一人ひとりが働きがいを持てるよう、自己実現の場を提供していく、と記している。

このベースとなるものは、「お客さま基点」の推進のなかで出された、「人づくり宣言」と「人づくり基本方針」である。「人づくり宣言」では、会社としての徹底した差別化を生み出していく源泉は人（従業員）であり、勝てる強い組織をつくりあげていくために、「職員一人ひとりの個性を活かし、尊重する、「本当の意味で人が育ち、活躍できる」組織づくりが必須である」と明記されている。「人づくり基本方針」においては、「求める人材像」として、以下の三つの要件が定められている。

○「自発」…自ら考え行動する、挑戦する、困難を乗り越える。

○「独創」…誰もやったことがないことをやる、創意工夫する。

○「利他」…相手の身になって考える、相手を思いやる。

職員一人ひとりがこれらを身につけていくため、〝個〟としての成長を促す〝環境〟や〝場〟をつくること、「人づくりは場づくり」という方針のもと、後述するような〝組織文化の耕し〟の〝場づくり〟活動を多様に展開している。

中期経営計画とFD取組方針の一体的推進

業務プロセスの質や職員の意識を高める

富国生命の中期経営計画は他社とは異なるユニークなものとなっている。中期経営計画では一般的に、売上げや利益といった数値目標の達成を目指すことが多いが、富国生命では業務プロセスの質や職員一人ひとりの意識を高めることを重視しているため、売上げや利益に関する定量目標を設定していない。「徹底した差別化でお客さまから最も評価される会社となる」ことを、ビジョン（ありたい姿）として掲げている。そして、図5－5のような、ビジョンの実現に向けて「持続的成長のための好循環」をつくりあげていくことを目指している。

職員のモチベーションアップが、生産性の向上を通して、提供する商品・サービス品質の向上につながり、それが収益性の向上や健全性の維持に貢献し、結果として配当還元の充実を通じて、顧客のロイヤルティの向上につながり、それがさらなる職員のモチベーションアップにつながっていくことによって、持続的な成長を果たすことを目指したものである。

中期経営計画の進展を確認する定量的な確認指標としては、①「他者加入推奨意向（既契約者が自分の友人・知人・家族等に富国生命を勧めたいという意向）」、②「職員意識調査（職員自身の「お客さま基点」による差別化や人材育成に対する意識）」、③「営業純増率（営業成績の増減）」を設定している。そのなかで重視しているのは、他者加入推奨意向と職員意識調査である。特に他者加入推奨意向は、富国生命を身近な人にお勧めするというきわめて能動的な行動であり、「大変満足している」顧客でないとそうした行動はとらない。そういう意味での「お客さま満足度の向上」を最重要課題として、業務プロセスの質や職員一人ひとりの意識を高めることにより、会社の質を向上させるこ

図５－５　持続的成長のための好循環

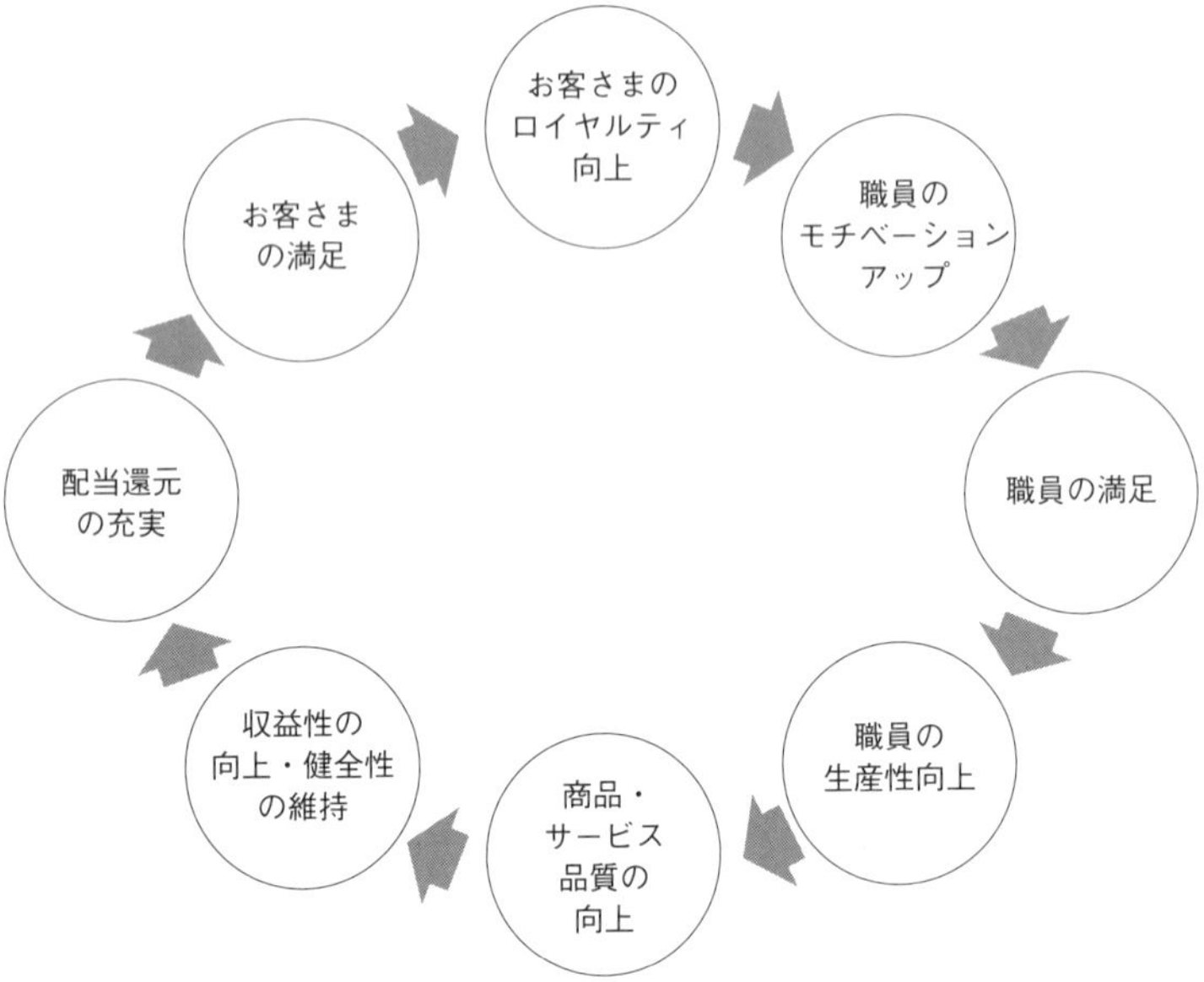

■ **職員のモチベーションアップ**
　お客さまから評価されることにより、職員のモチベーションが上がる

■ **職員の満足**
　職員の心理的充実度が高まり、職員満足度が向上する

■ **職員の生産性向上**
　質の高い人材が育ち、生産性が向上する

■ **商品・サービス品質の向上**
　提供する商品・サービス品質が向上する

■ **収益性の向上・健全性の維持**
　保有契約の継続率の改善により収益性が高まり、健全性も維持される

■ **配当還元の充実**
　お客さまの実質的な保険料負担を軽減する

■ **お客さまの満足**
　お客さま満足度が向上する

■ **お客さまのロイヤルティ向上**
　当社へのロイヤルティが向上する

とができれば、結果として業績の向上につながると考えているのである。

同時に、解約・失効率や継続率等のクオリティ指標を、現場で業務運営を行う支社・営業所および実際に販売する営業職員の評価に導入している。契約時にお客さまのニーズに丁寧に対応し、適切な保障を提供するとともに、契約後のフォローアップに係る活動や保険金等請求などに係る顧客からの申出や手続への対応状況に関する指標を交えることにより、サービスの質の向上を図り、長く保険に加入していただくことを重視する姿勢を鮮明にしている。

顧客基点でKPIを設定する

先述した〝差別化の歴史〟のなかで、アフターサービスを重視し、継続率を高める保有純増主義にいち早く取り組み、個人保険・個人年金保険の保有契約高が業界のピークをつけた一九九六年度以降も、富国生命は低い解約・失効率のもと保有契約高を伸ばし続けた（同社の保有契約高のピークは二〇〇三年度）。

しかしながら、真の顧客本位の行動からは離れた対応により会社の決算上の保有契約高の純増を実現するというような、「保有純増主義」という考え方が「目的化」してしまうという事象も見受けられるようになった。社会のニーズの変化もあり保有契約高が純増しなくなった二〇〇四年度以降、「私たちの行いは本当にお客さまの立場に立っているのか」と自問することになった。そして、二〇〇五年から「お客さま基点」をベースとした企業変革活動に取り組み始め、二〇〇八年より「お客さま基点」を価値観と位置づけ、新経営宣言を行っている。

そして、ＣＳやＥＳを全社確認指標として位置づけ、ＦＤ取組方針においても共通して用いて、一体的に推進している。契約者への郵送・ウェブアンケートによる保険商品の内容や各種手続ごとの顧客満足度調査の結果を見てみると、保険金等の請求時の対応について、比較的高い結果が得られている。同社の取組姿勢と顧客の受けとめ・評価がシンクロナイズしていることがわかる。

富国生命のみならず金融業界全体において、今後は商品の提供者・販売者の立場からではなく、顧客のライフプランニングや生活設計全体のなかで、ライフステージの段階・状況に応じて投信・保険・住宅金融等の役割をどのように適切に果たせたかという視点で、さらに顧客基点のＫＰＩを進化させていくことが期待される。

創業八〇周年事業から「お客さま基点」活動へ

経営理念体系の再構築

富国生命の保有契約高がピークとなった二〇〇三年は、ちょうど創業八〇周年であった。生保業界をとりまく環境が厳しさを増すなか、株式会社化や合従連衡を通じた動きも顕在化してきた。同社は八〇周年事業の一環として、将来の展望に向けた議論を進めるため、若手職員を中心として「ビジョン」「社会貢献」「サービス」の三つのワーキンググループを設置した。その結果、お客さまである

「人」、従業員である「人」を大切にすることで、好循環をつくりだし、企業価値を向上させることが重要であるとの提言がなされた。

そこで、二〇〇四年に自社の現状把握を行い、異業種を含めた他社との比較を行うナレッジ・アセスメントにより、課題のあぶり出しを行った。そこでは、職員の行動変革には至らない現状および行動変革を妨げる要因として、①変革への挑戦の意識が乏しい、②顧客・市場への感度が低い、③創造的対話が少ない、④コミュニケーションが閉鎖的である、という四点が浮き彫りとなった。

二〇〇五年にボトムアップによる企業変革活動として「フコク維新」活動を開始し、組織・インフラの整備（お客さまサービス本部の設立、お客さまデーターベースの構築、帳票改訂など）と一人ひとりの働きがいを高める運動（フコクアワード、ぐっ！じょぶ活動、社内留学制度など）を展開している。そのようななかで、生保会社としてのありかたを役員ワークショップにて議論して、先述した新経営宣言として公表し、経営理念体系を再構築している。

組織文化としての「お客さま基点活動」

先述のとおり「人づくりは場づくり」との考えに基づき、社長自らが「お客さま基点」への想いを直接語ることで、「あらためていまの自分ができる「お客さま基点」の行動とは何か」を参加者が考える〝車座ミーティング〟（社長と職員の双方向の対話による場づくり）や、お客さまアドバイザー（営業職員）の育成において〝ワールドカフェ〟等の双方向参加型の研修手法を導入して、参加者の

米山社長を囲んでの“車座ミーティング”

“ワールドカフェ”

〝気づき〟による成長を促している。

全社での「お客さま基点活動」においても、言葉として理解するだけではなく、一人ひとりの職員が本当の意味で納得し実践できるよう、気づきや自覚を促すことを目的として、各職場でのグループディスカッションや「Ｍｙお客さま基点カード」導入（お客さま基点のアクションプラン個人目標を表す活動）等を実施している。

また、内務職員の育成において、若手職員がリーダーとしての基本姿勢と基本動作を一年を通じて習得することを目指す研修「経営塾」や異業種企業とのコラボレーション型研修を導入していること、公募制からスタートして現在は全新任主任の昇格年の育成プログラムとしているメンター制度（所属以外の新入職員を支えていくことで自らも成長していく機会づくり）等も、興味がひかれるものである。

今後の課題─内向きの慣性を打破できるか

富国生命においては、歴代の社長のリーダーシップで、経営の差別化が図られてきた。そして現在、価値観である「お客さま基点」と中期経営計画やＦＤ取組方針が、一体的につながり推進されている。

今後の課題について考えると、社会の変化やニーズの多様化に対応して、金融と非金融サービスの組合せが進んでおり、〝保険機能〟への新規参入者を含めて、より柔軟で多彩な商品・サービスの開発が今後ますます進んでいく。生命保険業そのものへのこだわりは当然に持つべきものであろうが、より広い視野から契約者のライフプランやライフスタイルに関わる共通価値を創造していくことが必要となるのではないだろうか。それを実現していくために、相互会社として保険に加えてさらに付加価値をつけたコミュニティづくりができないか。フェース・トゥ・フェースの重要性は変わらないだろうが、双方向型のコミュニケーションやコミュニティ形成の手段としてウェブの可能性にもっと目を向けていくことも課題と思われる。

その前に、現状、富国生命の価値観が社会のなかでいま一つ認識されていないように思われる。それは顧客側の認識不足というよりも、同社の外向きのコミュニケーションが不足しているのではないだろうか。そこを乗り越えていくためには、社内のコミュニケーションがまだ十分ではなく、役職員の熱量と活動量を高めていくことが必要と思われる。特に、FDの担い手である現場を活性化していくためには、役員および本部の管理職のより多様なリーダーシップが必要ではないだろうか。ストックビジネスである金融機関において、ややもすれば役員や本部の当事者意識が欠ける傾向があることは、金融業界の多くの組織において見られるところである。

新経営宣言を踏まえた人づくり宣言においては、「人を育てる二本柱」として、次のように明記されている。

○「目先の結果より、成長にこだわる」…「答え」を与えるのではなく、考えさせる。失敗を恐れず、やらせてみる。

○「一人ひとりの多様な個性を尊重する」…他者に関心を持ち、認めて、褒める。お互いに影響し合い、刺激し合う場をつくる。

このような環境づくりと場づくりに取り組むことで、〝個〟の成長を促す、としている。金融機関においては、さまざまな課題を乗り越えて新たなパラダイムのビジネスモデルをつくっていくために、主体的に考え行動することが求められる時代のなかで、特に〝施策の書き手〟の立場の者が自分自身からプロアクティブになることが求められよう。役員や本部が〝主語は自分自身〟で考え行動して、真の当事者意識が高まれば、多くの金融機関は変われると思う。

富国生命の新経営宣言と「お客さま基点」による一連の取組みは、そのガイドの一つとなるものであり、同社が内向きの慣性を打破して、さらなる新たな価値創造への行動が生まれてくることを期待したい。

これからのありかたを考えていくための問い

① みずほ銀行の取組みを参考にして、あなたの金融機関の顧客本位の業務運営の取組方針を、7Sの視点からレビューしてみてください。

※ 7Sについては、第3章（図3－8）と第4章を参照

② 野村證券の取組みを参考にして、あなたの金融機関の資産運用関連業務におけるビジネスモデルを、ビジネスモデル・キャンバスの視点からレビューしてみてください。

※ ビジネスモデル・キャンバスについては、第3章（図3－10）を参照

③ 富国生命の取組みを参考にして、あなたの金融機関の顧客本位の業務運営の取組方針と中期経営計画を、一体的推進がどのようになされているかという視点からレビューしてみてください。

第6章 金融における顧客本位な働き方改革

本書では、フィデューシャリー・デューティーの本質的な意味合い、顧客本位の業務運営のありかたについて、考えてきました。

ＦＤ推進フォーラム大阪での基調講演とパネルディスカッションから始まり、金融機関としての今後の経営の方向性、変革を実現していくために経営や組織の運営の全体像を見ていく視点、顧客本位を実践していくための組織文化の重要性などについて、述べてきました。そのなかで、役職員一人ひとりが主体的に自ら考え行動していけるかが、いま問われていることとして浮き彫りになりました。

第１章の最後に、金融機関における「働き方改革」に関して少し触れました。この章では、森本より、「金融における顧客本位な働き方改革」に向けて、本書のしめくくりとして皆さんに問いかけをしたいと思います。

働く動機づけ

常識的に考えて、人は、報酬を得るために働くのであれば、報酬を払ってくれる人の利益のために働くのでしょうが、人が人であるためには、働くことは単に生活の資を得るためだけではなくて、働く意義が別になくてはならないはずですから、誰の利益のために働くのかということと、誰から報酬をもらうのかということとは、次元が異なると考えられます。

たとえば、地域金融機関に働く人のなかには、地域経済の発展への貢献を目的として仕事をしている志の高い人も少なくないでしょう。もしも、そういう人が例外で、勤め先としての安定性や相対的な給与水準の高さだけが魅力になっているのなら、とても、残念なことです。

金融機関に働く人は、給料は金融機関からもらうにしても、志としては、顧客の利益のために働く、あるいは金融の社会的機能の発現のために働くという意識を持ち、そこに働く意義、人生の目的を見出してほしいのです。金融庁が顧客本位といったとき、そこには、同じ願いがあったと思われます。

たしかに、金融庁は、経営者に対して顧客本位の改革を求めたのであって、金融機関に働く人々に対して行動様式の改革を求めたわけではありません。しかし、金融庁が公表している「顧客本位の業務運営に関する原則」の第7原則は、「従業員に対する適切な動機づけの枠組み等」と題されていて、「金融事業者は、顧客の最善の利益を追求するための行動、顧客の公正な取扱い、利益相反の適切な管理等を促進するように設計された報酬・業績評価体系、従業員研修その他の適切な動機づけの枠組みや適切なガバナンス体制を整備すべきである」とされていますから、結局は、金融機関に働く人の問題になるのです。

これは当然のことで、金融のように、目に見えるものが何もなく、抽象的な金銭の権利関係だけが取引される領域では、現に顧客に見えているものは、金融機関に働く人だけなのですから、顧客本位な業務運営を担うのは、金融機関ではなくて、金融機関に働く人であることは、最初から自明なのです。ゆえに、経営者に課せられたことは、所属員に利益誘因を含む適切な動機を与えて、顧客本位な行動を徹底させることに尽きるのです。

このとき、動機づけが金銭的な利益誘因だけでなされるのならば、働く人の自分本位にすぎないのですから、真の顧客本位を実現するためには、金融機関の経営のありかたとして、たとえば、地域金融機関ならば、地域経済への貢献を前面に掲げるなど、理念的な力で働く意義を再定義し、人を惹きつけていかなくてはならないはずです。

持続可能なビジネスモデルへの転換

ところで、なぜ、いまさらに、顧客本位なのでしょうか。金融庁が顧客本位ではないと断定するにしても、事実として金融機関の経営が成り立ってきたのなら、それなりに顧客満足を得ていたはずではないでしょうか。

実は、金融庁が問題にしているのは、金融機関の持続可能性のあるビジネスモデルなのです。過去において有効だったビジネスモデルも、日本が超高齢化社会へ突入して人口減少に向かうなかでは、持続可能性を失って崩壊の危機にさらされかねないわけで、その抜本的な転換が不可避になるとの仮説のもとに、新しいビジネスモデルの理念を金融庁なりに考えてみたのが顧客本位なのです。

たとえば、投資信託を例にとれば、おかしげな投資信託が高額な手数料等のもとで高齢者に販売されていても、現に顧客が購入していて、苦情殺到という事態でもない以上、そこに顧客満足のあることを否定できないわけですが、これが持続可能かといえば、どうみても不可能なわけで、むしろ、顧客の合理的行動を促し、いわば顧客を賢くすることのほうに持続可能性があるのではないか、これが金融庁の提示した顧客本位という仮説なのです。

ここで決定的に重要なことは、顧客の定義自体が根本的に変化していることです。たとえば、カードローンを過剰に利用する顧客は、従来の金融機関の考え方からすれば間違いなく顧客ですが、顧客本位のもとでは顧客ではありません。カードローンの真の顧客は、家計の均衡を合理的に判断できる賢い利用者なのです。ここに、金融庁がカードローンの膨張に警鐘を鳴らしている理由があるのです。

弁済能力を超えたカードローンの膨張は、表面的な顧客満足があっても、真の顧客の利益に反することは明らかで、かつ、それは持続可能性のないものとして、最終的には、金融機関自身の損失ともなりかねないのです。顧客本位とは、顧客と金融機関がともに真の利益を追求することで、持続可能性あるビジネスモデルへ転換することなのです。

言い換えれば、顧客本位においては、顧客は、賢く行動することで自己の真の利益を追求し、金融機関は、顧客を賢くすることで持続可能性のある中長期的な利益を追求するのです。そのような顧客との新たな関係構築を志向すること、それが顧客本位です。ゆえに、金融機関に働く人に求められていることは、顧客を賢くすることによって金融の真の社会的意義を追求することに働く意義を見出すことなのです。

金融には、それ自体の価値はないわけです。金融機能を利用することによって顧客が実現するものに、真の価値があるのです。住宅ローンには価値がなく、住宅に価値があり、投資信託には価値がなく、資産形成を経て消費のために取り崩されたときに価値が生まれるのです。法人融資も同じことで、融資には価値はなく、融資を受けた企業が資金を事業に投下して収益を生んだときに価値が生まれるのです。

金融機関本位のもとで、金融機関に働く人は、金融機関が提供する商品やサービス中心に考えてきたので、金融が実現しようとする価値が見えなくなり、顧客の真の利益が不在になってしまったのです。それに対して、顧客本位のもとでは、顧客の真の利益の視点で考えなくてはならないので、金融が実現しようとする価値を直視することになります。

このとき、新しい顧客が見えてくるのです。顧客本位とは、まずは、真の顧客の発見といっていいでしょう。そうして、顧客が実現しようとする価値に対して、最適な金融を提案しようとするとき、顧客を賢くしなければならないという動機が発し、そこに顧客本位が実現するのです。

顧客との共通価値の創造

さて、金融機関に働く人が顧客本位を貫くとき、利益追求を志向する経営との間で、矛盾の生じるおそれがありそうです。しかし、金融庁のいうとおり、顧客本位の徹底が金融機関の持続可能なビジネスモデルへの転換を意味するのならば、金融機関の中長期的な利益と矛盾するはずはありません。このことを、金融庁は、顧客との共通価値の創造といっています。

金融に固有の価値がない以上、金融は、利用者である顧客のなかに価値を創造することに貢献してこそ、はじめて社会的機能を果たすのですから、顧客の価値創造がなければ、金融に意味はなく、顧客の価値創造を前提にしたときに、その一部について金融の貢献を主張できるだけなのですから、金融とは、金融庁がいうように、顧客との共通価値の創造以外ではありえないのです。

顧客と金融機関との間に利益の矛盾がないのならば、顧客本位原則のもとで、金融機関の利益と、そこに働く人の利益との間に矛盾がないように人事処遇制度が設計されている限り、全体として、どこにも利益の矛盾はないはずです。少なくとも、それが金融庁の仮説です。

ならば、金融機関に働く人は、金融機関の側ではなくて、顧客の側に立って仕事をすべきであり、そのほうが顧客の利益になるだけではなく、金融機関の利益にもなるということなのですが、むしろ、そのほうが自分自身の利益になるといいたいところです。

なぜなら、真の顧客本位の貫徹が自分自身の生きがいとなるのならば、何よりも、自己実現を目指すことが顧客の利益となり、結果的に、金融機関の利益となり、金融機関の利益となる限り、適切な利益の配分を受けられるのですから、そこには、自分の人生の目的追求が経済的に報われるという真の好循環があるべきだからです。

金融機関は、組織として顧客に接することはできません。顧客に接しているのは、あくまでも金融機関に働く生身の個人です。顧客本位が実現する場所は、金融機関の組織のなかではなくて、金融機関に働く人と顧客との関係のなかなのです。

要は、顧客本位な金融機関が先にあって、そこに働く人を顧客本位に統制するのではなくて、顧客本位に働く人が先にあって、その人の集合として、顧客本位な金融機関が生まれるということですから、顧客本位とは、現場からの金融機関の組織改革であり、金融における真の働き方改革なのです。

個人としてのフィデューシャリー

顧客本位は、二〇一四年九月に金融庁の施策として登場したときには、英米法の専門用語を借りて、フィデューシャリー・デューティーの徹底と呼ばれていました。この片仮名は、顧客本位に呼びかえられたいまでも、改革の理念を象徴するものとして、金融界にしっかりと定着しています。

フィデューシャリー・デューティーを要言すれば、フィデューシャリー、すなわち、もっぱらに顧客の利益のために最善を尽くす専門家が負うデューティー、すなわち、義務となりますから、まさに顧客本位の理念そのものなのですが、フィデューシャリーは個人の専門家だという点が重要です。代表的には、弁護士や医師を想定すればわかりやすいでしょう。

専門家を片仮名にすれば、プロフェッショナルです。顧客本位を片仮名で表現すれば、金融機関の人は、フィデューシャリーとしてもっぱらに顧客の利益のために働き、プロフェッショナルとしての経験と能力のすべてを傾けて最善を尽くすデューティーを負うこととなるでしょう。フィデューシャリーとしての働き方改革、プロフェッショナルとしての働き方改革、これが顧客本位の本質です。

働き方改革の本質は、金融機関に働く人のプロフェッショナルとしての成長にあるのです。その成長を促すものは、いうまでもなく、プロフェッショナルとして顧客に対して負う責任の自覚です。顧客本位は、金融機関の改革である以前に、金融機関に働く人の自己改革なのであって、金融機関の改革は、その先に、結果として実現するにすぎないのです。

金融庁がいう顧客本位を徹底していくと、金融機関本位が消滅して、金融機関に働くプロフェッショナル本位が現れてくるのです。なぜなら、金融とは、顧客と、顧客を担当する金融のプロフェッショナルとの間に、共通価値を創造することだからです。そこに創造された価値は、結果的に金融機関の利益となるのです。金融機関は、ついに、主役の地位を顧客とプロフェッショナルに譲り渡す。これが顧客本位の本質です。

プロフェッショナルの生き方

病院は場所です。場所は主役ではなく、主役は患者と医師であって、医療は、健康回復への強い意思を持つ患者と、専門的知見と患者への思いやりを持つ医師との協働なのです。しかし、医師は、最善の医療を患者に提供するために、看護師、医療機器、医薬品、診療記録のデータベース、事務基盤等のさまざまな資源を必要とします。病院は単なる場所ではなくて、それらの資源を供給する装置でもあります。

医師は、もっぱらに顧客の利益のために専門的知見のすべてを用いて最善を尽くす義務、すなわちフィデューシャリー・デューティーを負うものの代表格です。医師は、もっぱらに顧客の利益のために働くという意味で、フィデューシャリーですが、同時に、高度な専門的知見を持つ職業人という意味で、プロフェッショナルです。病院は、医師がフィデューシャリーとして、プロフェッショナルとして、職務を遂行することを支援する装置なのです。

顧客本位を病院になぞらえて表現すれば、金融機関の人は、医師のように、フィデューシャリーとして、もっぱらに顧客の利益のために働き、金融のプロフェッショナルとして、専門的知見のすべてを傾けて最善を尽くす義務を負うということであり、金融機関は、病院のように、顧客のために働く人が義務を履行できるように、必要な資源を供給する装置だということになります。

しかし、医師は独立したプロフェッショナルとして医療に従事しているのに対して、金融機関に働く人は被用者として金融機関に従属して働いているわけで、その差は本質的です。だからこそ、金融よりも大きな政策課題として、政府は働き方改革を推進しているのです。

ここでは何よりも、働き方という表現が選択されている点に着目すべきです。企業を主語にして雇用改革にするほうが自然なのに、そこをあえて働く人を主語にして働き方改革としたことは、深い含意を持つものと考えなくてはなりません。そして、働くことは生きることの一部にすぎないのですから、真の働き方改革は各人の生き方改革を前提としていることも見逃せません。

医師や弁護士のようなプロフェッショナルは、自分の生き方の問題として、職業選択しているのです。おそらくは、その職業に就くことを夢見てきた人が多いのでしょう。まさに、職に就くという真の意味において、就職しているのであって、病院や弁護士事務所に就職しているわけではないのです。

それに対して、被用者は、真の意味において就職しているわけではなくて、勤め先を選択しているだけです。しかし、勤め先の選択においては、程度の差こそあれ、その製品やサービスに社会的意義を認め、また、そこに自己実現の要素を見出していることも事実でしょう。そうでなければ、生き方改革を前提とした働き方改革は成り立たないはずです。

働く意味の回復

そもそも、働き方改革は、金融を代表格とするサービス産業や、製造業等における管理サービス部門の生産性向上のための施策なのですが、それが機能するためには、作業の意味の回復が必須のはずです。なぜなら、生産性が低いということは、価値創出につながらない作業時間が多いということであり、それはとりもなおさず、意味のない作業が多いということだからです。

働く意味の回復は、働く人が自分自身で意味を発見することでなければならないのですから、経営の指示によっては達成できないわけで、ゆえに、働く人を主体とした働き方改革が求められるということです。労働時間の短縮は、五時の定時退社の励行というようなルールによって量的に実現するものではなく、働く人のプリンシプル、すなわち行動原理の改革によって質的に実現しなければならないのです。

ところが、金融の場合、有名なコンプラ疲れのようなことが生産性を引き下げているのです。コンプライアンスとは、法令遵守のことですから、徹底されて当然なのですが、法令の主旨に反した過剰対応は、コンプラ疲れといわれて、無意味な仕事の代表例になっています。法令の主旨は、いうまでもなく、顧客の利益の保護にあるわけですから、金融庁が顧客本位の徹底という法令の主旨に立ち返った施策に転じた以上、コンプラ疲れこそ、真っ先に一掃されなくてはならないものです。

何よりも、コンプラ疲れの問題点は、本来の主旨である顧客の利益の保護から逸脱して、金融機関の保身を図る目的が優越していることです。このような作業に多くの時間をとられることは、働く人の士気を著しく低下させるに違いありません。顧客本位の徹底による働き方改革とは、顧客の利益の視点で仕事の意味を回復することなのです。

顧客本位な人事制度

金融機関に働く人のすべてがプロフェッショナルということではありません。病院に働く人のすべてが医師でないのと同様です。しかし、多くの金融機関においては、一枚岩人事となっているので、建前としては全員が医師ということでしょうが、現実は、全員が看護師、むしろ全員が医療事務員のような病院になってしまっているのです。そこで、顧客本位の徹底の前提として、金融機関の人事組織の抜本的な改革は不可避であろうと思われます。

たちどころに問題となるのは、人事異動です。金融機関の人事異動は、一枚岩人事を前提とした金融機関の自己都合でなされているので、顧客の立場から見れば、担当者が頻繁に交代するという不都合な事態となっているのです。

顧客本位を徹底すれば、金融のプロフェッショナルを育成して、長く顧客を担当させることになるほかないわけですが、それを本人が望むかという問題、長く同じ人に担当させると顧客と親密になりすぎて不正の温床になるのではないかという古典的な懸念など、人事異動だけでも多くの問題を生じます。

今後の金融機関は、顧客を直接に担当する前線のプロフェッショナル軍団、それを目指して修練を積むプロフェッショナル予備軍、それらを支える装置としての機能に従事する人というふうに、階層人事を導入するほかないと思われます。

その場合、最大の眼目は、経営職層の登用方法でしょう。おそらくは、プロフェッショナルとして優れた業績をあげている人は、どこかで、経営職層への転身を志向するか、そのまま現場で顧客密着のプロフェッショナルを続けるかの選択をすることになるのではないでしょうか。そして、経営基盤としての事務管理部門の人にも、プロフェッショナルへの転向や経営職層への道を確保するなど、制度上の細かな対応が必要になると思われます。

そして、何よりも大切なことは、どの立場で仕事をするにしても、公正な処遇が約束されていることとです。その処遇の仕組みを概念化すれば、基本は顧客との間で創出された共通価値に置かれて、プロフェッショナルは、その創出への貢献度を基準に評価され、金融機関は資源を供給した対価を要求し、それを資源供給に従事した人に公正に分配し、残余を金融機関自身の利益とすることになるでしょう。

金融の未来図

最後に、未来の見通しを述べれば、おそらくは、顧客本位の徹底は、金融制度の根本的な構造改革に帰結するほかないのだと思われます。つまり、製販分離というか、金融機能を組成し供給する組織と、それを顧客に提供する接点の組織とは、分離するほかないと思われるのです。論理的にいって、金融機関に所属していては、真の顧客本位にはなれないことは明らかだからです。

これは、特に新しい発想ではなくて、いわゆる購買代理の考え方です。金融機関に所属して、その商品やサービスを顧客に提供することは、金融機関の販売代理をするのと同じですが、金融機関に所属しないで、独立事業者として顧客の利益の視点で、さまざまな金融機関の商品やサービスのなかから選択して提案することは、顧客を代理することとして購買代理になります。顧客本位が徹底されていけば、方向としては、購買代理型の独立事業者が成長していくのではないでしょうか。

金融機関のなかで努めてフィデューシャリー的であろうとすることも、真のフィデューシャリーを目指して金融機関を辞めることも、人生の選択として、自主自律的に決めればいいことです。そうした覚悟を皆が持ち、金融機関に所属していても独立した気概を持って働く限り、金融機関は顧客本位でありうるのです。働き方改革は、何よりも生き方改革なのです。

森本紀行のこれからの金融のありかたに関する論考については、こちらのサイトをご覧ください。
http://www.fromhc.com/

【編著者略歴】

森本　紀行（もりもと　のりゆき）ＨＣアセットマネジメント　代表取締役社長

東京大学文学部哲学科卒業。ファンドマネジャーとして三井生命の年金資産運用業務を経験したのち、一九九〇年一月当時のワイアットに入社し、日本初の事業として、企業年金基金等の機関投資家向け投資コンサルティング事業を立ち上げる。年金資産運用の自由化のなかで、新しい投資のアイデアを次々に導入して、業容を拡大する。二〇〇二年一一月、ＨＣアセットマネジメントを設立、全世界の投資のタレントを発掘して運用委託するという、まったく新しいタイプの資産運用事業を始める。

坂本　忠弘（さかもと　ただひろ）地域共創ネットワーク　代表取締役

一九九〇年に大蔵省（現財務省）入省後、主計局、証券取引等監視委員会、金融庁監督局、金融副大臣秘書官等を経て退官。二〇〇七年に地域共創ネットワーク株式会社を設立し、地域金融機関の新たなビジネスモデルづくりや、成長企業・中小企業等の経営事業支援に取り組む。震災復興にあたり一般財団法人東北共益投資基金を設立して初代の代表理事を務め、官民ファンドの執行役員として地域ファンドの立上げにも関わる。現在、信用金庫の非常勤理事や上場事業会社等の社外取締役を複数兼務。

谷崎　由美（たにざき　ゆみ）ライフワークサポート　代表取締役

二〇〇一年ＡＦＰ資格取得、同年地元（石川県金沢市）新聞社で保険の相談窓口を担当、一年で六〇〇人超の相談を受けたが、無料相談やスポット相談では解決できないと気づき、二〇〇六年、年会費制のＦＰ相談（マネートレーニング）を開始。三〇代子育てファミリーを中心に担当世帯数一一五世帯（二〇一六年末現在）。顧客の会員継続率は九五％。

KINZAIバリュー叢書
フィデューシャリー・デューティー・ワークショップ
——金融における顧客本位な働き方改革

2018年5月8日　第1刷発行
2019年1月23日　第3刷発行

編著者　森　本　紀　行
　　　　坂　本　忠　弘
　　　　谷　崎　由　美
発行者　小　田　　　徹
印刷所　奥村印刷株式会社

〒160-8520　東京都新宿区南元町19
発　行　所　一般社団法人 金融財政事情研究会
企画・制作・販売　株式会社 き ん ざ い
出 版 部　TEL 03(3355)2251　FAX 03(3357)7416
販売受付　TEL 03(3358)2891　FAX 03(3358)0037
URL http://www.kinzai.jp/

ISBN978-4-322-13217-5